本书受嘉兴学院建筑工程学院申硕经费资助

建设项目组织文化

基于参与方行为视角的研究

宋宇名　著

Construction Project Culture

Research Based on the Perspective of Participant Behavior

ZHEJIANG UNIVERSITY PRESS
浙江大学出版社
·杭州·

图书在版编目(CIP)数据

建设项目组织文化：基于参与方行为视角的研究 /
宋宇名著. —杭州：浙江大学出版社，2022.12
ISBN 978-7-308-23403-0

Ⅰ.①建… Ⅱ.①宋… Ⅲ.①基本建设项目—组织文
化 Ⅳ.①F284

中国版本图书馆 CIP 数据核字(2022)第 242908 号

建设项目组织文化:基于参与方行为视角的研究

宋宇名　著

策划编辑	吴伟伟	
责任编辑	陈思佳(chensijia_ruc@163.com)	
责任校对	宁　檬	
封面设计	雷建军	
出版发行	浙江大学出版社	
	(杭州市天目山路 148 号　邮政编码 310007)	
	(网址:http://www.zjupress.com)	
排　　版	浙江时代出版服务有限公司	
印　　刷	广东虎彩云印刷有限公司绍兴分公司	
开　　本	710mm×1000mm　1/16	
印　　张	13.25	
字　　数	200 千	
版 印 次	2022 年 12 月第 1 版　2022 年 12 月第 1 次印刷	
书　　号	ISBN 978-7-308-23403-0	
定　　价	68.00 元	

前　言

　　作为国民经济的重要支柱产业,建筑业在推动我国工业化和城市化进程中扮演着重要角色。近年来,北京奥运会、上海世博会等大型场馆建设,京沪高速铁路、港珠澳大桥等大型交通配套设施建设都极大地推动了城市化进程,提升了区域经济的发展水平。随着中国建筑业的快速发展,建设项目规模日益增大,项目组织也越来越复杂,但是项目绩效却表现不佳。以网络计划技术等为代表的传统项目管理方法难以改变建筑业普遍存在的工期拖延、投资超支、质量低下的现状,传统的项目管理理论面临严峻挑战。

　　如何在复杂多变的外部环境下提高项目绩效,已经成为学术界和实践界共同关注的话题。部分学者指出,文化可能是导致项目失败的一个重要因素,并且在项目管理中文化的作用还未得到广泛重视。尽管项目组织文化对项目绩效的直接影响受到国内外学者的关注,但是两者之间的关系仍然存在理论黑箱。一方面,项目组织文化对项目绩效的影响机制仍然缺乏有效的实证研究成果支持,尤其是鲜有文献从行为学理论视角探究两者之间的影响机制。另一方面,由于中西方文化存在明显差异,既有的基于西方文化背景的研究成果可能无法完全适用于中国情境,尤其是在项目参与方行为的影响因素方面。为了丰富项目管理领域的研究成果,本书提出并且试图回答两个问题:在中国情境下的临时性建设项目中,项目组织文化能否以及如何对项目绩效产生影响?项目参与方的行为因素以及项目本身的特征因素能否以及如何对上述影响产生作用?

　　为了回答上述两个问题,本书在相关文献成果梳理和定性访谈结果分析的基础上,从项目参与方的良性组织行为视角探讨中国情境下的建设项目组织文化对项目绩效的影响机制,构建建设项目组织文化对项目良性组织行为及项目绩效影响的理论模型,并提出相应的研究假设。本书采用文献研究、深度访谈等定性研究方法,并结合结构方程模型分析、多元层次回归分析等定量研究方法,明确模型中相关变量的维度结构以及相互之间的影响关系,验证所提出的实证研究假设。本书的具体内容可以分为以下四个部分。

第一部分(第一章)在对研究背景进行分析的基础上提出本书的研究问题,即建设项目组织文化和项目绩效之间的影响关系,进一步阐述研究方法和研究内容,并归纳研究意义与研究创新点。

第二部分(第二章和第三章)围绕建设项目组织文化对项目绩效影响机制的主题,首先,从概念内涵、特征维度、影响因素等方面分别对项目组织文化、项目良性组织行为和项目绩效三个概念进行相关文献研究现状的分析,并对项目组织文化、项目良性组织行为与项目绩效之间影响关系的国内外研究成果进行梳理,发现既有研究成果存在的不足,形成一定的理论基础。其次,通过深度访谈的定性研究对访谈结果进行编码和范畴归类,为重要变量的特征、维度及相互之间的影响关系提供有价值的解释。最后,综合相关文献梳理的理论基础和深度访谈结果的分析,构建本书研究的理论模型并且提出相关研究假设,从而奠定后续实证研究的理论基础。

第三部分(第四章)选取问卷设计方法和数据分析方法,阐述项目良性组织行为的特征维度和测量题项的理论依据与开发过程,说明建设项目组织文化和项目绩效量表题项产生的理论依据。基于初始问卷进行小样本测试以检验其有效性和可靠性,并通过对初试量表的信度与效度检验最终确定本书的大样本调查正式问卷,从而为后续的正式问卷数据分析和理论模型检验奠定基础。

第四部分(第五章和第六章)通过大样本问卷搜集数据,对理论模型和研究假设进行实证检验。首先,运用验证性因子分析对各量表的信度与效度进行检验。其次,运用结构方程模型分析,检验本书所提出的理论假设模型,尤其是检验项目良性组织行为的中介效应以及项目规模和项目复杂性的调节作用。最后,对本书所提出的研究假设的检验结果进行分析总结,并对今后的研究方向进行展望。

基于上述研究过程,本书得出以下主要结论:第一,建设项目组织文化对项目绩效存在显著的正向影响,其中团队协作型文化和市场导向型文化对项目绩效的正向影响最大,而灵活创新型文化对项目绩效的正向影响最小;第二,不同类型建设项目组织文化对项目良性组织行为不同维度的影响存在差异,其中团队协作型文化对项目忠诚、利他行为、项目服从以及人际和谐的正向影响最大,层级控制型文化对项目忠诚、利他行为和项目服从的正向影响较大;第三,项目良性组织行为对项目绩效存在显著的正向影响,其中项目忠诚对项目绩效的正向影响最大,而积极主动对项目绩效的正向影响最小并且也不显著;第四,项目良性组织行为在建设项目组织文化对项目绩效的影响中起到部分中介作用,建设项目组织文化不仅直接对项目绩效产生影响,还通过塑造项目参与方的良性组织行为间接影响项目绩效;第五,项目复杂性在建设项目组织文化对项目绩效的影响中起调节作用,项目复杂性越高,建设项目组织文化对项目绩效的影响作用就越大。

　　本书的写作得到上海对外经贸大学王亚琴副教授、嘉兴学院方建博士的整理协助。本书的写作还得到同济大学复杂工程管理研究院承担的国家自然科学基金重大项目"重大基础设施工程的组织行为与模式创新研究"(71390523)及国家自然科学基金面上项目(71871164、71971161)的支持,在此一并表示感谢。

宋宇名

2022 年 8 月于嘉院龙星阁

目　录

第一章　绪　论

第一节　研究背景

　　建筑业对国民经济发展及社会环境影响巨大,在推动我国工业化和城市化进程中扮演着重要角色,并成为国民经济的重要支柱产业。近年来,我国建筑业完成了一系列全球瞩目的工程项目。北京奥运会、上海世博会等大型场馆建设,京沪高速铁路、港珠澳大桥等大型交通配套设施建设都极大地推动了城镇化进程,提升了区域经济的发展水平。根据国家"十三五"规划,我国新型城镇化和以高速铁路网为主体的交通基础设施建设将进一步加速,建设项目数量将呈几何级增长(徐绍史,2016)。随着我国经济社会的快速发展,各类建设工程项目不断涌现,项目投资规模日益扩大,项目的组织结构也更加复杂。目前国内建设项目规模大、建设周期长、项目复杂性高的特点,给工程项目管理的理论和实践都带来了新的挑战,因此迫切需要从更深入的视角来探究其内在机制,从而进一步提高项目绩效。

一、组织文化在建设项目管理中的作用得到重视

　　1979年,佩蒂格鲁(Pettigrew)正式提出了组织文化的概念。从20世纪80年代开始,学术界掀起了对组织文化的研究热潮。21世纪以来,组织文化在管理中的重要地位得到进一步确认,不少学者认为文化是组织的核心竞争力,是企业基业长青的秘密(樊耘等,2003)。组织是项目目标能否实现的决定性因素,关系到整个项目的成败(丁士昭,2006)。近年来,我国不断加大基础设施投资,工程建设项目迅速发展,项目生命周期更长,项目的临时性和开放性更强,组织层级更多并且组织结构更复杂。在一些项目组织中,项目管理者开始重视文化的建设。一些研究者发现,优秀的建设项目组织文化能够通过影响项目成员的观念与行为有效地提高项目绩效,塑造优秀的项目组织文化已经成为项目管理的重要工具。盛昭瀚等(2009)认为,工程文化是由外部环境、参与群体、工程目标以及工程实践多方面力量集成

的结果。以苏通大桥工程为例,工程核心价值观及其引申出来的思维模式和行为方式等文化内容,不仅对工程的圆满完成起到重要作用,而且对国内建筑行业的发展以及工程建设综合能力的提高也具有重要意义(朱振涛,2012)。

二、良性组织行为对项目绩效的影响引起关注

1938 年,美国管理学家巴纳德(Barnard)提出了"想要合作的意愿",被认为是良性组织行为(good organizational behavior,GOB)概念的起源。1988 年,奥根(Organ)正式提出了良性组织行为的概念,并将其定义为"组织成员自发表现出的、未被正式奖惩体系直接或明确认可的,但是能够从整体上提高组织效能的个体行为"。尽管有些学者对奥根的良性组织行为定义提出了一些质疑,但是总体上,良性组织行为的概念得到了学术界的普遍认同。近年来,在科技进步及日益激烈的市场竞争环境下,扁平化的组织结构逐步取代金字塔式的组织结构,自我管理、团队管理等新兴的管理方式也有别于以往层级式的组织运作方式。这些变化需要员工更多的主动性与自发性行为,以促进个人绩效的提升,并在整体上提高组织绩效。良性组织行为是一种自发性行为,因此员工的认知结构会对良性组织行为产生影响。作为一种非正式的控制系统,组织文化可以影响员工的行为,进而提高组织绩效,降低员工之间的交易成本。虽然大量文献研究关注企业等永久性组织,但是类似的行为更可能发生在建设项目等临时性组织内,并对项目绩效产生显著的影响。Braun et al.(2013)提出了项目良性组织行为的概念,即在项目时间、任务、团队和变化的复杂环境下,项目成员重视每一个特定项目组织内的协作,并能有效提升项目效能的行为。

三、传统的项目管理面临新挑战

在建筑业取得了令人瞩目的成就的同时,建设项目管理中存在的严重问题也不容忽视。在进度方面,建设工期一拖再拖的现象时有发生;在成本方面,建设工程项目普遍存在概算超估算、预算超概算、决算超预算的"三超"现象;在质量方面,"楼倒倒""楼脆脆"已经成为对建筑质量低劣问题的

戏称。类似问题在国外项目中也存在。Shenhar and Dvir(2007)搜集了不同国家商业部门、政府机构和非营利性组织的600多个项目的数据,发现85%的项目未能达到时间和预算目标,平均超时70%,超支60%。传统的项目管理目标控制包括进度、成本和质量目标控制。不少学者已经认识到建设项目的绩效是由许多因素组合而成的,不仅仅局限于成本、质量和进度三个因素,还需要考虑参与方的满意度等方面,并且应当将这些因素视为一个整体。实践表明,传统项目管理方法难以改变建筑业普遍存在的工期拖延、投资超支、质量低下的现状,传统项目管理理论面临严峻挑战。

第二节 研究问题与研究方法

一、研究问题

随着国内建筑业的迅速发展,建设项目规模不断扩大,建设项目组织也越来越复杂,但是项目绩效却表现不佳。如何在复杂多变的环境下提高建设项目绩效,已经成为国内建筑业迫切需要解决的问题。面对快速变化而常常与组织业务目标冲突的客户预期,以及在严峻的经济环境下保持竞争力的需求,组织需要不断寻找创新的方法来提高绩效(Koch and Bendixen,2005)。尽管已有少量研究验证项目组织文化对项目绩效存在正向的影响,但是在很多方面还需要进一步的探索和研究。

首先,在影响机制研究方面,项目组织文化对项目绩效的影响机制仍然存在着理论黑箱。虽然一些学者用知识共享等中介变量探索了项目组织文化对项目绩效的影响,但是很少从项目参与方行为视角来发现中间变量,因此未能解决项目组织文化在项目绩效影响机制研究中的不确定性问题。同时,项目组织文化对项目绩效的影响受到环境因素的制约,但是目前对调节变量的研究还未引起足够的重视,仅有少数学者在两者之间影响关系的研究中引入了调节变量。考虑到项目组织文化通常会通过影响项目组织成员的价值观来影响其行为表现,并且这种影响会受到项目规模、项目复杂性等环境因素的制约，因此有必要从项目参与方的行为出发，实证研究项目组织文化对项目绩效的影响机制，从而进一步揭示项目组织文化对项目绩效的影响机制。

其次，在情境化研究方面，由于中西方文化存在很大差异，国外的相关研究成果不能完全适用于中国情境。情境化在管理研究中的重要性日益凸显，它是在中国进行本土研究的关键要素(Tsui et al.，2006a)。结合国内建设项目日益复杂的现状，有必要进一步探索中国情境下建设项目的组织文化和项目绩效的影响关系。

最后，在变量的维度测量方面，相关变量的维度结构和测量量表大多以企业为研究对象，很少有应用于建设行业项目组织的研究成果。基于建设项目的临时性特征，有必要进一步验证相关变量的维度结构和量表的适切性。

二、研究方法

(一)理论分析和实证研究相结合

本书从交易成本理论、社会交换理论和利益相关者理论的视角出发，针对建设项目组织文化对项目良性组织行为及项目绩效的影响开展研究。基于对国内外相关文献研究成果的系统梳理，从项目参与方的良性组织行为视角，构建建设项目组织文化对项目绩效影响的理论模型。同时，针对建设项目参与方的管理人员进行问卷调查，取得大样本研究数据，采用 SPSS、AMOS 等统计工具对理论模型进行实证检验。

(二)定性研究和定量研究相结合

本书采用深度访谈的定性研究方法，明确建设项目组织文化、项目良性组织行为和项目绩效的维度结构并且修订相关测量量表。在文献综述和定性研究结果的基础上，通过大样本问卷调查，采用 SPSS 统计工具对测量题项进行信度与效度检验，并运用结构方程模型(structural equation modeling，SEM)检验提出的理论模型与研究假设。

第三节　研究内容与逻辑框架

一、研究内容

本书的研究主要围绕建设项目组织文化、项目良性组织行为和项目绩效之间的影响关系展开，研究内容共分六章，主要内容如下。

第一章是绪论。本章主要介绍相关领域的研究背景，提出研究问题，对研究方法和研究内容进行阐述，并归纳研究意义与主要创新点。

第二章是研究综述。本章首先从概念的内涵、特征维度、影响因素等方面对项目组织文化、项目良性组织行为和项目绩效的研究现状进行梳理；然后通过对相关研究现状分析，发现既有研究成果存在的不足；最后总结需要进一步探讨的问题。

第三章是理论分析与研究假设。本章首先基于对项目组织文化、项目良性组织行为与项目绩效之间影响关系的文献的梳理，形成理论基础；然后通过深度访谈的结果分析，明确变量之间的影响关系；最后综合文献研究和访谈结果分析，构建理论模型并提出研究假设。

第四章是研究设计与小样本测试。本章首先介绍问卷设计的过程和数据分析方法的选择，明确变量测量项目的产生过程；然后进行小样本测试，检验量表的有效性和可靠性；最后对量表进行信度与效度分析，确定大样本调查的正式问卷。

第五章是实证研究与结果分析。本章首先对问卷收集的数据进行信度与效度检验；然后运用 SEM 分析，检验理论模型与研究假设，并对项目良性组织行为的中介效应以及项目复杂性的调节效应进行分析；最后对研究假设检验结果进行分析讨论。

第六章是研究结论与研究展望。本章在理论分析与实证研究结果的基础上，归纳出主要研究结论，并指出相关管理实践启示以及未来研究的方向。

二、逻辑框架

本书的结构按研究思路分为六章内容，其逻辑框架结构如图 1.1 所示。

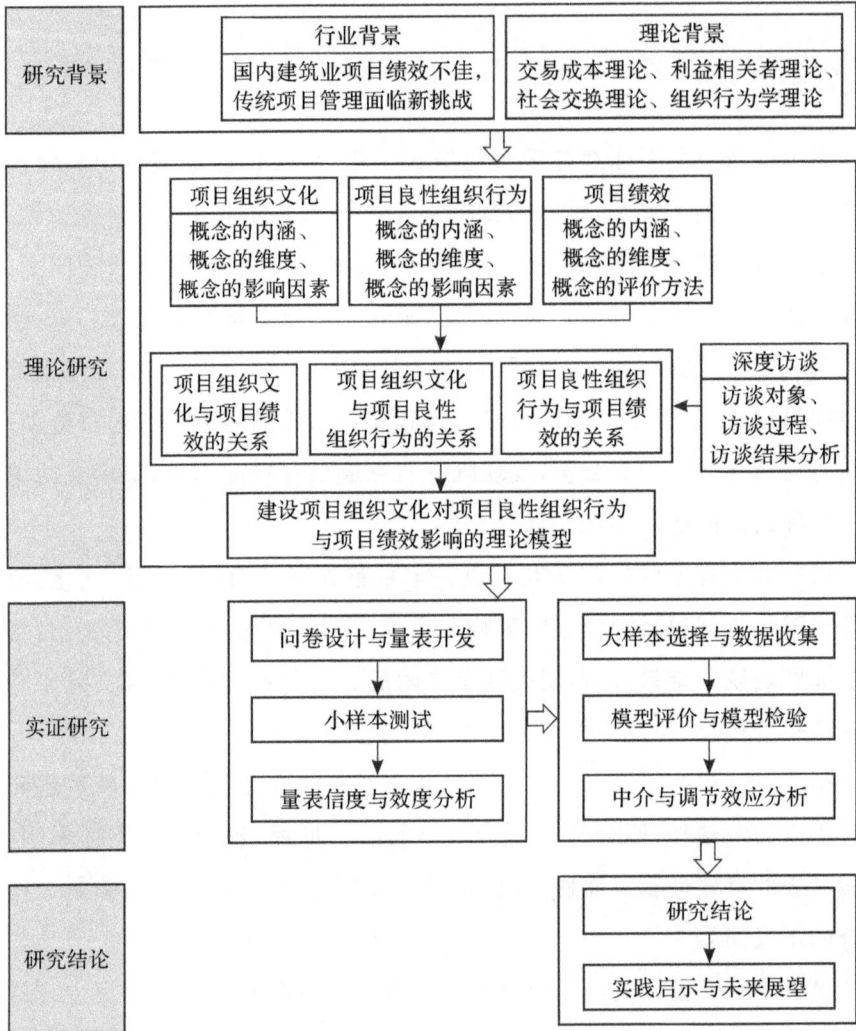

图 1.1　本书的逻辑框架结构

第四节 研究意义与研究创新

一、研究意义

本书主要探索建设项目组织文化对项目绩效的影响机制,在构建理论模型的基础上,检验中国情境下建设项目组织文化对项目良性组织行为及项目绩效的影响。

(一)理论意义

本书的理论意义在于构建了建设项目组织文化、项目良性组织行为和项目绩效之间的影响机制模型,验证了所提出的理论模型,丰富了项目管理领域中建设项目组织文化对项目绩效影响机制的理论和实证研究,从而弥补了传统的项目管理理论研究成果的不足。

(二)实践意义

本书的实践意义在于项目组织文化可以被项目领导者用来影响项目成员的良性组织行为,从而为提高项目绩效提供了有益的途径。同时,本书的结论能够帮助项目领导者更好地认识不同的项目组织文化类型对项目良性组织行为的影响差异,以最终提高项目绩效,并间接促进整个建筑业生产效率的提升。

二、研究创新

本书的研究在梳理既有文献研究的基础上,基于行为学的理论视角,采用多种定性和定量研究方法,实证检验建设项目组织文化对项目良性组织行为及项目绩效的影响机制。研究的创新之处可以归纳为以下几个方面。

(一)研究视角的创新

本书的研究从行为学的理论视角,将项目良性组织行为纳入建设项目组织文化对项目绩效的影响关系研究框架,构建了建设项目组织文化对项目良性组织行为与项目绩效影响的理论模型。实证结果表明，建设项目组织文化不仅直接对项目绩效产生影响，还能通过塑造项目参与方的良性组织行为间接对项目绩效产生影响。

（二）研究情境的创新

鉴于中西方文化差异造成项目组织文化和项目良性组织行为在特征维度、影响因素方面明显不同，本书的研究基于我国工程项目情境，在梳理既有文献成果和分析深度访谈结果的基础上，验证建设项目组织文化对项目绩效的影响机制，拓展了组织文化研究领域。

（三）研究方法的创新

围绕建设项目组织文化对项目绩效影响机制的主题，本书采用文献研究、深度访谈等定性研究方法，并结合 SEM 分析、多元层次回归分析等定量研究方法，验证了项目良性组织行为在建设项目组织文化对项目绩效影响关系中的部分中介作用，以及项目复杂性在建设项目组织文化对项目绩效影响中的调节作用。

第二章　研究综述

第一节 项目组织文化研究综述

一、组织文化的内涵与维度

Pettigrew(1979)在其发表的《组织文化研究》中正式提出了"组织文化"学术概念。20 世纪 80 年代初,《商业周刊》杂志开展组织文化的专题报道,随后美国管理学界连续发表了《Z 理论》(Ouchi,1981)、《日本企业的管理艺术》(Pascale and Athos,1981)、《公司文化》(Deal and Kennedy,1982)和《追求卓越》(Peters and Waterman,1982)四部专著,从此组织文化成为组织研究领域的主流对象。20 世纪 90 年代以来,学术界对组织文化进行了深入研究,主要关注组织文化与组织绩效、核心竞争力等管理要素的关系。Giritli et al.(2013)指出,虽然对组织文化的内涵有不同的定义,但是,大多数学者倾向于认同组织文化是一个多维度、多因素、分层次的概念,它是组织成员共有的基本信念、价值观以及行为规范,并且能够引导和规范成员的行为。

由于文化的内容复杂而抽象,学术界对于组织文化的研究出现了以沙因(Schein)为代表的定性研究和以奎因(Quinn)为代表的定量研究两大派别。Schein(1996)认为,组织文化的基本假设层面存在于组织成员深层次的潜意识中,难以进行量化测度。Schein(1999)主张通过实地观察、现场访谈、文化评估等方法对组织文化进行深层次的研究。不过,定性研究无法对组织文化进行精确测度,而定量方法能够更好地解释组织文化对组织绩效等产出成果的影响(赵曙明和裴宇晶,2011)。Hofstede et al.(1990)基于实证研究认为,在文化的维度可以识别并且具有可操作性定义的前提下,仍然可以对文化进行量化研究。

综合国内外的相关文献,一些学者从个体层面进行模型和量表的构建,而更多的学者则从组织层面进行模型和量表的构建。由于学者们所遵循的组织文化定义、研究目的和研究层面不同,对组织文化的维度划分存在很大差异,其中有代表性的主要有以下几种。

（一）组织文化剖面图

O'Reilly et al. (1991)从契合度的视角研究成员与组织的契合和个体结果变量之间的关系,构建了组织文化剖面图（organizational culture profiles,OCP）量表,并区分出进取性、革新性、稳定性、尊重员工、注重细节、结果导向、团队导向七个文化维度。OCP 量表是在国外组织文化研究中广泛应用的针对个体层面的组织文化测量量表,反映了组织价值观的一些典型特征(Carroll and Harrison,1998)。

（二）中国企业组织文化量表

Tsui et al. (2006b)采用聚类分析归纳出包含内部整合和外部适应的中国企业组织文化维度,其中内部整合包括员工发展、人际和谐、领导行为和员工贡献四个维度,外部适应包括客户导向、结果导向和创新导向三个维度,并通过与 OCP 量表进行比较,发现客户导向、员工贡献、领导行为等特殊维度出现在中国企业组织文化维度中,而西方的组织文化量表中进取心和关注细节维度并没有出现在中国企业组织文化量表中。

（三）多维度组织文化模型

Hofstede et al. (1990)在对其国家文化研究的基础上,构建了由价值观和实践组成的多维度组织文化模型（the multidimensional model of organizational culture,MMOC）,并认为对安全的需求、以工作为中心和对权威的需求三个维度组成了价值观部分,而过程导向/结果导向、员工导向/工作导向、本地化/专业化、开放/封闭、控制松散/控制严格、规范化/实用化六个成对维度组成了实践部分。

（四）组织文化测量模型

Denison and Mishra(1995)构建了描述组织文化特质的组织文化测量（organizational culture questionnaire,OCQ）模型,并认为有四种文化特质与组织有效性显著相关,包括适应性、使命感、一致性和参与性,每种文化特质对应着三个子维度。其中,一致性和使命感反映组织的稳定性,参与性和适应性反映组织的灵活性,适应性和使命感反映组织外部导向的文化特质,参与性和一致性反映组织内部导向的文化特质。

（五）组织文化评价量表

基于竞值架构模型（Quinn and Rohrbaugh,1983）,Cameron and Quinn（1998）构建了组织文化评价量表（organizational culture assessment instrument,OCAI）。竞值架构模型下的组织文化将组织焦点和组织结构两个维度分别作为两条轴,其中横轴是从关注组织内部到关注组织外部,纵轴是从强调稳定性到强调灵活性。组织焦点和组织结构两个维度交织成四个象限,分别代表团队文化、灵活文化、市场文化和层级文化四种组织文化类型。OCAI可以从组织的主导特征、领导风格、员工管理、组织凝聚力、战略重点和成功准则六个判断依据来评价组织文化（如图2.1所示）。对于一个特定组织来说,可以通过OCAI测量后形成的一个剖面图来描述它在某一特定时刻的组织文化特征。Cameron and Quinn（2005）通过进一步的实证研究认为,组织很少能够用单一的文化类型来进行描述,更多是在应对外部挑战和周围环境变化情况下发展出占主导性的文化类型。

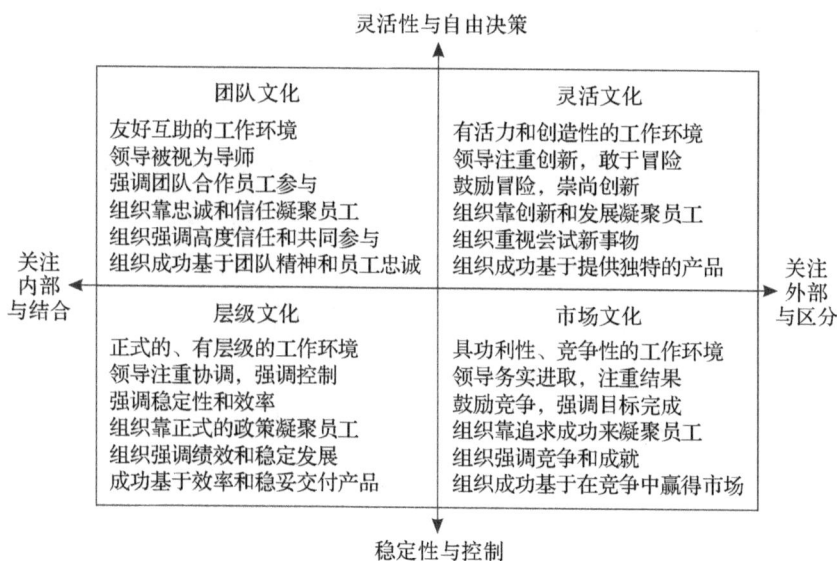

灵活性与自由决策

团队文化	灵活文化
友好互助的工作环境 领导被视为导师 强调团队合作员工参与 组织靠忠诚和信任凝聚员工 组织强调高度信任和共同参与 组织成功基于团队精神和员工忠诚	有活力和创造性的工作环境 领导注重创新,敢于冒险 鼓励冒险,崇尚创新 组织靠创新和发展凝聚员工 组织重视尝试新事物 组织成功基于提供独特的产品
层级文化	市场文化
正式的、有层级的工作环境 领导注重协调,强调控制 强调稳定性和效率 组织靠正式的政策凝聚员工 组织强调绩效和稳定发展 成功基于效率和稳妥交付产品	具功利性、竞争性的工作环境 领导务实进取,注重结果 鼓励竞争,强调目标完成 组织靠追求成功来凝聚员工 组织强调竞争和成就 组织成功基于在竞争中赢得市场

关注内部与结合 ← → 关注外部与区分

稳定性与控制

图 2.1 Cameron and Quinn(1998)的组织文化评价量表

综合国内外相关文献,组织文化的维度及量表可以归纳为两个方面的特点:（1）组织文化量表从研究层面上可分为组织（如OCQ量表、OCAI量表）和个体（如OCP量表）两个层面,组织层面量表的维度比较实用,而个体层面量表的维度比较复杂并且存在一定的局限性。（2）与其他的组织文化量表相比，OCAI量表已经成为组织文化研究领域中最具影响力的量表之一，尤其在文化类型、文化强度以及文化变革评价方面具有较高的实用价值（宋联可等，2009）。

二、项目组织文化的内涵与特征

（一）项目组织文化的内涵

Schein（1990）认为，组织文化是在学习处理外部适应和内部整合问题时，某一特定群体所创造、发现或发展出来的基本假设模式，该模式运作良好而被视为有效，因而被传授给新成员作为感知和思考相关问题的正确途径。从这个定义可知，外部适应和内部整合是组织文化所具有的两大功能。虽然项目组织文化出现在一些研究论文和行业报告中，但是，并没有一个统一的定义。参照Schein（1990）对组织文化的定义，Zuo and Zillante（2005）将项目组织文化定义为"项目各参与方所持有的共同价值观、基本假设和信念，它们决定了项目各参与方处理问题的方式和相互之间的关系"。Shore（2008）认为，项目组织文化是指项目各参与方在项目计划、执行和控制等工作实践中形成的共同认知。Ankrah et al.（2009）基于建设项目的实证研究将项目组织文化定义为"项目组织各个解决方案的独特构型，它随着组织成员的群体而演化，并被组织成员用来处理各种组织面临的问题"。

在借鉴国外相关概念的基础上，国内学者结合中国的情境对项目组织文化进行了界定。结合中国的情境，孙秀明（2008）将项目组织文化定义为"团队成员所共有的思想、作风、价值观念和行为规范，是一个项目团队所特有的信念和行为模式"。俞春生等（2009）认为，工程文化既包含了工程的特殊性也包含了文化的普遍性，工程建设具有的开放性、时限性和唯一性赋予了工程文化新的内涵。盛昭瀚等（2009）基于苏通大桥工程实践，将工程文化定义为"工程建设主体在建设实践中逐步形成并为工程建设成员所普遍认可的价值观、思维模式以及建设实践中的管理方式等方面的总和"。朱振涛（2012）从系统论的视角将工程文化定义为"由众多的工程项目参与主体在工程建设实践中形成的精神和物质财富的总和，它不仅包括被工程建成员普遍认可和共享的,也包括各参与主体相互有差异有时不均衡的价值观、思维模式和行为准则"。

项目组织文化是项目组织在项目实践过程中形成并产生的,因此既具有组织文化的一般性,又具有项目实践的特殊性。借鉴国内外学者相关概念界定,本书将建设项目组织文化定义为项目参与方在建设实践中形成的,并且为各参与方成员所普遍认同和遵守的价值观以及行为规范。

(二)项目组织文化的特征

项目是一个被分配了一定资源的临时性组织,它具有独特性、新颖性和短暂性(Turner and Müller,2003;Turner,2004)。与一般项目相比,建设项目还具有任务明确性、产品唯一性和管理复杂性(丁士昭,2006)。由于项目组织与企业等永久性组织存在不同的特征,两者组织文化在价值观融合、形成路径等方面也有所不同,因此有必要归纳出项目组织文化与企业文化的异同。盛昭瀚等(2009)认为,工程文化既具有一般文化的无形性、整体性、时代性等普遍特征,也具有其个性化特征:(1)阶段性。工程的时限性决定了工程文化对于单个工程而言是一种阶段性文化。(2)持续性。对于整个行业而言,工程文化可以跟随工程活动的进行在不同工程之间持续传承。(3)社会性。工程(尤其是大型工程)往往会对国家及地区的经济、环境乃至文化的发展产生显著和持久的影响。(4)需求导向性。工程活动具有明确的目标以及预期的结果,这种明确的目的性决定了工程文化具有需求导向性。朱振涛(2012)认为,工程文化既具有组织文化的共性特征,也有其独有的特征:(1)多源继承性和不对称性。工程项目由众多的参与方组成,不同参与方所属组织本身的文化可能会导致工程组织中存在不同的亚文化,但是工程组织中各参与方的地位不对称造成了不同亚文化的渗透力不同。(2)阶段波动性和动态变化性。由于工程的环境变化性和阶段目标差异性,文化价值观需要进行调整,并且各参与方在各阶段所发挥的作用也有所不同。(3)与工程活动结合的时间短。工程项目的短暂性决定了在工程项目初期就需要快速形成主导的工程文化,并且向工程组织有效渗透。

综合上述观点,尽管项目组织文化与企业等组织文化具有一些共性的特征,但是项目组织文化仍存在明显区别于企业文化的个性化特征:(1)任务导向性。面对激烈的市场竞争环境,企业首先要保证获得预期的经济收益,因此企业文化更强调生存与发展。建设项目从一开始就有明确的建设任务与目标,因此项目组织文化需要紧紧围绕建设项目的任务完成与目标实现而产生。(2)多元融合性。企业的组织结构紧密并且任务固定,因此企业员工存在较小的文化水平差异,多元文化冲突不明显。建设项目需要设计、施工、监理等多个参建方的协作来完成,各参建团队具有不同的文化背景和自身利益,建设项目文化需要更具集成性和融合性,才能够被具有各自文化背景的参建团队普遍接受。(3)快速形成性。企业文化是伴随着企业的发展从无到有逐渐形成的,具有较长的形成过程。建设项目面临有限的实施周期和多元的参建团队,需要快速形成项目组织文化,并且能够将其有效渗透到整个项目组织中。

三、项目组织文化的维度

Kumaraswamy et al.(2001)构建了分析项目组织文化来源和形成的框架,认为典型的项目组织文化包含组织、运作、职业和个体四个相互交叠的子文化。Thomas et al.(2002)采用 OCAI 量表对澳大利亚建设项目组织文化进行了测量,结果表明团队型文化与项目质量正相关,而市场型文化与项目质量负相关。基于 Harrison(1972)的组织文化测量模型,Anderson(2003)对项目层面和组织层面的文化进行了测量,结果表明强任务导向文化能够改善项目预算的执行。Zuo and Zillante(2005)结合建设项目特点对竞值架构模型进行了适当修订,将内部整合(团队型)、灵活适应(灵活型)、外部关注(市场型)、稳定控制(层级型)四个维度归纳为参与方处理项目的方式,并补充了合同导向/信任导向、短期导向/长期导向、敌对态度/合作态度等项目环境中参与方之间的关系。Ankrah et al.(2009)基于对英国承包商的定性访谈自行构建项目组织文化量表,并将项目组织文化分成团队导向、员工导向、客户导向、绩效导向和项目导向五个维度。Yazici(2009)采用 OCAI 量表对美国的制造业和服务业项目组织的文化进行了测量,结果表明团队型文化对项目绩效和组织绩效会产生直接的影响。基于 Cooke and Lafferty(1983)开发的 OCI 量表,Aronson and Lechler(2009)对美国的 IT、产品开发和工程等项目的文化进行了测量,结果表明建设性特质文化对项目成功会产生积极的影响。结合 Belassi et al.(2007)和 Naor et al.(2010)开发的组织文化量表,Gu et al.(2014)选择积极的工作环境、领导风险容忍度、结果导向和宏观集体主义四个维度来评价 IT 项目组织文化,结果表明积极的工作环境、领导风险容忍度、结果导向等三个文化维度对 IT 项目绩效会产生直接的影响。Szabó and Csepregi(2015)采用 OCAI 对匈牙利不同行业的项目组织文化进行了聚类分析,结果表明具主导性的项目组织文化依次为市场文化、团队文化和层级文化。

相比于国外项目组织文化的类型与维度研究,国内的相关研究则相对滞后。Zhang and Liu(2006)通过对中国建筑企业组织文化的研究,发现 OCAI 量表要比 OCI 量表具有更好的可靠性,并且中国建筑企业占主导性的组织文化为层级文化和团队文化。基于 Ankrah et al.(2009)开发的项目组织文化量表,朱振涛(2012)结合对国内工程管理人员的半结构化访谈和问卷分析,构建了包含承诺业主、团队导向、员工导向、过程规范和灵活创新的工程文化五维度模型。方建(2013)采用 OCQ 量表对建设项目业主方组织文化进行了测量,结果表明建设项目业主方组织的参与性、一致性、目的性和适应性等文化特质对项目绩效会产生直接的影响。

目前针对项目组织文化的维度与量表的研究成果还不多,除了少数研究者自行构建了相应的测量模型外,大部分学者选择将一些成熟的组织文化测量量表运用于项目组织文化的测量,并且结合不同项目的特征进行适当修订。鉴于竞值架构模型允许在一个组织中同时存在不同的文化类型,更符合项目组织的特征,并且相应的 OCAI 量表已经用于国内外项目组织文化的测量,因此本书的研究将选择基于竞值架构模型的 OCAI 量表,并结合建设项目情境进行修订,用于国内建设项目组织文化的测量。

四、项目组织文化的研究热点

目前项目组织文化的研究以实证研究为主,围绕项目组织文化的影响因素与结果变量两个方面展开。

（一）项目组织文化的影响因素研究

目前项目组织文化的影响因素研究呈现分散化的特点,部分学者的观点来自企业等永久性组织的文化研究成果。Egginton(1996)认为,参与方的国家文化和自身企业文化共同对国际工程项目文化产生影响。Turner and Müller(2003)指出,正如企业高层领导力会塑造企业文化一样,项目领导力也会显著影响项目组织文化。Shore(2008)通过对影响项目结果的多个因素的分析,发现对项目组织文化的影响主要来自组织文化和项目领导力两个方面。Ankrah et al.(2009)认为除了行业特征和社会环境等不依赖项目的因素外,项目组织结构、项目特征、项目领导力、关键事件、采购方式以及项目位置等与项目相关的因素也会影响项目组织文化。盛昭瀚等(2009)指出,工程文化的形成不是由单一因素决定的,而是外部环境、参与群体、工程目标以及工程实践多方面力量集成的结果。朱振涛(2012)基于国内工程文化的实证研究发现,一些工程项目特征确实与工程文化的相应维度相关。其中,项目规模与过程规范正相关,工程复杂性与对业主承诺正相关,但是项目类型和合同发包模式对工程文化没有显著影响。

综合上述学者的观点,项目组织文化的影响因素可以归纳为两个方面:(1)与项目所处环境有关的因素。由于项目建设周期一般较短,社会环境及行业环境对同一时期内的建设项目呈现出共性的影响特征。此外,国家文化或组织文化也会对项目组织文化产生重要影响。(2)与项目自身特征有关的因素。项目管理实践活动在一定程度上集中体现了项目领导层的意志及价值观,对项目组织文化的形成影响更大。此外,项目规模与项目复杂性也会显著影响项目组织文化。

（二）项目组织文化的结果变量研究

相比于项目组织文化的影响因素研究,项目组织文化的结果变量研究更具有一致性,主要针对项目绩效或项目成功开展研究。Liu and Fellows(1999)研究了建设项目采购中的文化,认为项目组织文化会对项目目标产生影响。Thomas et al.(2002)基于澳大利亚的工程项目案例研究,发现团队文化与更高的项目质量相关,而市场文化与较低的项目质量相关,并进一步指出项目组织文化应当从市场文化向团队文化转变。Anderson(2003)对项目和组织层面的文化研究结果表明,强任务导向文化对项目绩效的预算指标会产生直接影响,但是对项目进度及参与方满意度等其他绩效指标没有直接影响。基于项目管理领域的文献研究,Henrie and Sousa-Poza(2005)认为,文化可能是导致项目失败的一个重要因素,并且文化在项目管理中的作用还没有得到广泛重视。Ajmal and Koskinen(2008)对项目型组织的文化研究指出,许多项目失败可以归因于组织文化,并且项目经理在融合构建项目组织文化方面扮演着重要角色。Shore(2008)基于不同行业的九个失败项目的案例研究,发现失败的项目通常与强调内部关注和稳定的项目组织文化高度相关。Yazici(2011)通过对美国的新产品开发等项目组织文化的研究,发现团队文化对项目的进度、预算、客户满意度绩效指标会产生直接影响,并且会显著提升诸如销售增长等方面的组织绩效。Gu et al.(2014)通过对中美两国 IT 项目组织文化与项目绩效关系的研究,发现积极的工作环境、领导风险容忍度和结果导向的文化维度会对 IT 项目的绩效产生直接的影响,但是宏观集体主义文化维度对 IT 项目绩效没有影响。Zuo et al.(2014)基于澳大利亚的医院项目案例研究,发现项目组织文化会对进度、质量、参与方满意度等项目绩效指标产生重要的影响,并认为项目组织文化应当尽早构建。盛昭瀚等(2009)基于苏通大桥工程建设的实践,认为工程文化是支撑工程建设的软实力,对提高工程质量、培育技术创新和促进参与方之间沟通协作都具有显著的影响。朱振涛(2012)对国内工程项目管理人员的访谈和问卷分析结果表明,工程文化会显著影响项目绩效,并且具有不同项目特征的工程文化存在显著差异。

除了项目组织文化对项目绩效或项目成功的影响研究外,一些学者关注到项目组织文化对项目团队成员的行为或态度因素的影响。Aronson and Lechler(2009)对不同行业项目组织文化的研究结果表明,建设性文化特质对项目良性组织行为会产生积极的影响,而防御性文化特质对项目良性组织行为会产生消极的影响。Aronson(2015)基于美国的 IT 和工程项目的组织文化研究结果表明,建设性文化特质会使得团队成员愿意接受具有挑战性的项目和积极寻求替代方案,从而增强团队的效能感和合作意愿。

此外，部分学者还探索了项目组织文化对知识分享、领导力等结果变量的影响。Ajmal and Koskinen(2008)基于项目型组织的研究认为，组织文化在项目型组织的知识转移中扮演重要角色。Wiewiora et al.(2013)对澳大利亚的项目型组织的案例研究结果表明，在团队文化中组织成员愿意进行知识分享，而在市场文化中组织成员则通常不愿意进行知识分享。Giritli et al.(2013)通过对土耳其建筑承包商的实证研究发现，在团队文化中组织管理者会倾向于采取协商式的领导风格。

综合上述学者的观点，项目组织文化的结果变量研究主要集中在两个方面：(1)大多数研究将项目绩效、项目成功或项目失败作为结果变量，既有研究成果总体上支持项目组织文化会对项目绩效产生积极的影响。(2)虽然少数研究将项目团队成员的行为或态度因素作为结果变量，但是相关研究成果十分匮乏，仍有进一步研究的必要性。

第二节　项目良性组织行为研究综述

一、良性组织行为的内涵与维度

(一)良性组织行为的内涵

良性组织行为起源于组织中个体"想要合作的意愿"(Barnard,1938)。Katz and Kahn(1966)认为，一个有效的组织需要员工做到三种基本行为，包括为加入和维持组织内成员身份必须完成的行为、以可靠方式扮演特定角色所要求的行为和角色要求之外的主动性行为。Thompson(1967)认为员工的自觉合作行为应该得到每个组织的重视，仅仅依靠正式规定的行为则难以达成组织目标，必须同时依赖员工的合作行为，才能促进组织目标的实现。Organ(1988)将"角色要求之外的主动性行为"称为"良性组织行为"，并将其定义为"自发进行的、未明确或直接得到正式报酬系统认可的，但是能够从整体上提高组织效能的个体行为总和"。不过，关于"角色外"行为界定，不同文化背景下组织成员的认识并不一致。Morrison(1994)认为"角色外"行为与员工及管理者的个体感知有关,很难与"角色内"行为区分开来。Farh et al.(1997)基于实证研究指出,在东西方不同的文化背景下,员工对良性组织行为的认知存在差异。中国情境下的良性组织行为具有角色泛化、人际关系对行为的影响显著以及强调员工个人层面的积极主动行为的特点(许多和张小林,2007)。针对学者们的质疑,Organ(1997)对其早前提出的定义进行了反思,认为它类似关系绩效的概念(Borman and Motowidlo,1993),并将良性组织行为重新定义为"能够对有利于任务绩效的组织社会和心理环境提供维持和加强作用的行为"。与任务绩效相比,良性组织行为的强制性和被正式报酬体系认可的保证性较低。Podsakoff et al.(1997)认为,良性组织行为能够减少组织运行中各部门的摩擦,有效协调组织成员之间的工作,降低组织内员工的离职率,并且对提高组织效率具有"润滑剂"的作用。

由于个体处于团队协作之中,在良性组织行为面向团队表现出规范化的行为水平时,就会产生团队层面的良性组织行为(Ehrhart and Naumann,2004)。Chen et al.(2005)将团队层面的良性组织行为定义为"组织中的工作团队从事或参与有助于其他工作团队或整个组织的行为",这类行为区别于任务绩效,却有助于强化并维持对任务绩效有益的社会和心理环境。Nielsen et al.(2009)认为,团队层面的良性组织行为是指团队内部以及外部利益相关方对团队成员的帮助、合作与支持行为的总和,相比于个体层面的良性组织行为,团队层面的良性组织行为主体是工作团队,作用对象是个体成员或作为一个整体的团队。团队层面的良性组织行为能够调节团队成员的社会互动,并且影响其对社会的认同(Ehrhart et al.,2006)。

目前良性组织行为的概念仍处在不断发展中,但是在对相关文献梳理的基础上可以归纳出三方面共识:(1)尽管存在一些界定瑕疵,Organ(1988,1997)提出的良性组织行为定义仍被大量研究文献所引用。(2)一些学者关注到情境因素对良性组织行为认知的影响,在不同的文化背景下,良性组织行为的内涵存在差异。(3)部分学者认识到了团队层面的良性组织行为现象,并且对其进行了定义。

（二）良性组织行为的维度

国外学者围绕良性组织行为的维度研究已经取得了相当多的成果，但是尚未就维度结构划分达成共识。Smith et al.(1983)首先进行良性组织行为的维度界定，并认为良性组织行为是由利他行为和尽责行为两个维度组成。Van Dyne et al.(1994)将良性组织行为划分为组织忠诚、组织服从和组织参与三个维度。Williams and Anderson(1991)采用比较整合的分类方法，将良性组织行为分为两类：(1)指向个体的良性组织行为，如帮助行为、个人主动交流行为等；(2)指向组织的良性组织行为，如忠诚于组织的行为、遵守组织规范的行为等。Moorman and Blakely(1995)认为，良性组织行为应当包括人际帮助、个人主动性、个人勤奋和忠诚拥护四个维度。Organ(1988)认为，个人层面的良性组织行为表现为利他行为、善意提醒、公民道德、个体首创性、运动家精神五个维度。Podsakoff et al.(2000)通过对已有研究成果的元分析总结出西方文化背景下良性组织行为七个维度：帮助行为、公民道德、组织忠诚、组织服从、运动家精神、个体首创性、自我发展。近年来，良性组织行为的维度研究和量表开发呈现出两种趋势：(1)从一般的良性组织行为向适应不同行业情境的良性组织行为发展。如 Bettencourt et al.(2001)和 Braun et al.(2013)分别基于服务型组织、临时性的项目组织开发了相应的量表。(2)开始关注到不同文化背景下良性组织行为的差异。Farh et al.(1997)首先开发了中国情境下的良性组织行为量表，其后 Kim(2006)和 Paillé(2009)基于既有良性组织行为量表进行情境化修订，分别开发了适应韩国和法国情境的良性组织行为量表。国外良性组织行为维度的相关研究成果具体如表 2.1 所示。

表 2.1　国外良性组织行为维度的相关研究成果

代表成果	维度结构	维度名称
Smith et al.(1983)	二维结构	利他行为、尽责行为
Organ(1988)	五维结构	利他行为、善意提醒、公民道德、个体首创性、运动家精神
Podsakoff et al.(1990)	五维结构	责任意识、运动家精神、公民道德、善意提醒、利他行为

续表

代表成果	维度结构	维度名称
Randall et al.(1990)	三维结构	参与、共享、牺牲
Williams and Anderson (1991)	二维结构	指向个体的良性组织行为、指向组织的良性组织行为
Van Dyne et al. (1994)	三维结构	组织忠诚、组织服从、组织参与
Moorman and Blakely (1995)	四维结构	人际帮助、个人主动性、个人勤奋、忠诚拥护
Van Scotter et al. (1996)	二维结构	工作奉献、人际关系优化
George and Jones (1997)	五维结构	帮助同事、保护组织、传播善意、自我发展、提出建设性意见
Podsakoff et al. (2000)	七维结构	帮助行为、公民道德、组织忠诚、组织服从、运动家精神、个体首创性、自我发展
Bettencourt et al. (2001)	三维结构	组织忠诚、组织参与、服务交付
Kim(2006)	二维结构	利他行为、一般服从
Paillé(2009)	四维结构	公民道德、利他行为、运动家精神、帮助他人
Khan and Rashid (2012)	三维结构	帮助行为、公民道德、运动家精神

综合国外相关研究文献,良性组织行为的维度研究主要聚焦三个方面:(1)行为目标。Organ(1988)提出的良性组织行为五维度结构最具有代表性,其他量表大多是在此维度划分的基础上开发或修订而成的。(2)作用对象。Williams and Anderson(1991)从良性组织行为的作用指向视角,将其分为指向个体的行为和指向组织的行为两类,这种结果导向的分类方法被广泛应用于良性组织行为分层次研究中。(3)行为主体。目前大多数关于良性组织行为的研究针对个体层面展开,团队层面的良性组织行为研究则更强调团队的视角以及对团队有所贡献的行为(Chan,1998)。

国外学者关于良性组织行为的研究主要基于西方的社会文化背景,并没有考虑到社会文化和经济制度等因素。George and Jones(1997)认为,潜在的文化因素会塑造员工的良性组织行为。针对西方良性组织行为维度结构在中国情境中的适应性,Farh et al.(1997)发现良性组织行为包括组织认同、利他、尽责行为、人际和谐和保护公司资源五个维度，其中组织认同、利他、尽责行为与西方良性组织行为的维度相近，公民道德、运动家精神维度并未出现，而人际和谐、保护公司资源是中国文化背景下的特有维度。姚艳红和肖石英（2006）开发了中国文化背景下的良性组织行为量表，包括帮助行为、公民道德、意见表露、组织忠诚、组织服从、自我发展、运动家精神、个人创新性和维持公众关系九个维度。Farh et al.（2004）基于国内75家企业的实证研究，进一步提出包含个体、团队、组织和社会四个层面的维度模型，并总结出中国文化背景下良性组织行为的十个维度结构，具体如表2.2所示。

表 2.2　中国文化背景下的良性组织行为维度结构

维度	层面	定义	相似的西方 GOB 维度
积极主动	个体	愿意承担额外任务、履行额外职责和分享工作信息	个人主动（Moorman and Blakely,1995；Podsakoff et al., 2000）
自觉学习	个体	自觉提升自己的知识水平或工作技能水平	自我发展（Podsakoff et al., 2000）
保持工作环境整洁	个体	保持工作环境清洁	无
帮助同事	团队	帮助同事解决与工作和生活相关的问题	利他（Smith et al.,1983）、帮助行为（Podsakoff et al.,2000）
人际和谐	团队	积极主动地从事与工作相关并超出组织要求的行为	无
参与团队活动	组织	参与组织或员工团体的活动	公民道德（Organ,1988）、组织参与（Van Dyne et al.,1994）
建言	组织	对组织提出合理化建议	组织参与（Van Dyne et al., 1994）
节约组织资源	组织	节约组织资源，使用个人资源来帮助和保护组织	无
维护组织形象	社会	树立组织形象	组织忠诚（Podsakoff et al., 2000）、忠诚拥护（Moorman and Blakely,1995）
参与公益活动	社会	参与公共福利或社会服务活动	无

资料来源：Farh et al.（2004）。

与西方情境下的相关研究成果相比,中国文化背景下的良性组织行为维度结构具有以下三个独特特点:(1)角色泛化突出。Lam et al.(1999)通过对美国、澳大利亚、日本和中国的企业员工进行比较研究发现,日本和中国企业员工更容易将一些美国和澳大利亚企业员工所认为的良性组织行为看成是工作范围内的行为。(2)人际关系的影响显著。由于中国社会是以关系为纽带的伦理本位(梁漱溟,2005),人际关系和谐是中国文化背景下隐含的社会规范,也是个体行为的评价标准之一。(3)强调个人主动性的作用。这与中国文化中强调个体认真的态度及责任感密不可分(Yang and Mei,2014)。

二、项目良性组织行为的内涵与维度

(一)项目良性组织行为的内涵

虽然良性组织行为已经成为管理学领域的研究热点之一,但是长期以来主要围绕企业等永久性组织开展研究。Yen et al.(2008)将良性组织行为首次引入信息系统项目的研究,并提出信息系统项目中的良性组织行为对项目成功会产生积极影响。自从良性组织行为的概念引入项目管理领域以来,一些学者分别从不同的理论视角来阐释项目中的良性组织行为内涵。基于冲突视角,Aronson et al.(2009)认为项目中的良性组织行为是项目团队成员通过志愿传授经验、工作中互相帮助等方式来减少项目员工之间的摩擦,从而促进项目成功的行为。基于行为视角,Anvuur et al.(2012)指出,项目中的良性组织行为是建设项目团队互相帮助、服从管理层的指令,从而有利于提升建设项目合作水平的行为。基于过程视角,Chou et al.(2013)认为由于受到项目工期和项目投资的限制,项目成员的工作相互依赖导致员工会自发地提供帮助、形成组织承诺,从而提高项目绩效,这类行为是项目中的良性组织行为。不少学者虽然进行了项目中的良性组织行为的研究,但是并没有清晰界定项目中的良性组织行为与一般良性组织行为的区别。基于资源视角,Braun et al.(2012)首先提出项目良性组织行为(project good organizational behavior,PGOB)的概念,并认为项目良性组织行为是个体主动的、有助于支持项目任务完成的社会和心理情境行为,也是一种跨组织网络的良性组织行为。Braun et al.(2013)进一步阐释项目情境为具有特定社会、文化和区域性等特征的嵌入永久性组织的临时性组织,项目良性组织行为包含组织内和跨组织的良性组织行为。

综合相关学者的观点,项目良性组织行为具有明显区别于一般良性组织行为的内涵,主要体现在以下三个方面:(1)时间导向性。相比于企业等永久性组织,项目组织的持续时间较短,时间的有限性导致项目组织的结构更趋扁平化,其信息传递过程更趋向于探索式而非永久性组织的系统式,从而使良性组织行为在项目组织中的影响更大(Braun et al.,2013)。(2)团队依赖性。项目组织中各个团队面临的任务不同,团队可以独立承担全流程任务,其行为是面向团队但是却能够实现跨流程任务的良性组织行为。而企业的各个团队依赖于相互协作,一个团队只能承担特定的工作,很难独立存在,其行为是局限于某项特定工作的良性组织行为。(3)任务的独特性和复杂性。由于项目所面临的环境和资源通常是不可预测的,很难有完全相同的经验可以借鉴,每个项目任务通常具有一定的创新性和挑战性,相比于企业等组织的常规任务,更容易激发项目团队的良性组织行为(Bakker et al.,2013)。在借鉴有关学者提出的相关概念的基础上,本书将项目良性组织行为定义为建设项目参与方的自愿行为,这种行为超出正式的合同范围,不被正式的报酬系统直接识别,但却能够提升项目绩效。

(二)项目良性组织行为的维度

近年来,国内外学者开始关注项目情境下良性组织行为的维度研究和量表开发。部分学者认为,可以直接使用良性组织行为量表对项目中的良性组织行为进行测量。根据 Organ(1988)、Podsakoff et al.(1997)和 Farh et al.(1997)的量表,Yen et al.(2008)选择帮助行为、公民道德和运动家精神三个维度,用于信息系统项目中的良性组织行为对项目成功的影响研究。Chou et al.(2013)选取参与、共享和牺牲三个维度的良性组织行为量表,用于 IT 开发项目中的良性组织行为对项目成功的影响研究。相关研究以 IT 项目为主,呈现分散化特点,采用的良性组织行为维度也不统一,缺乏研究的连续性。

另外,少数学者基于项目管理的理论视角,对项目良性组织行为的维度开展研究。借鉴 Podsakoff et al.(1997)的良性组织行为量表,Aronson and Lechler(2009)构建了包含帮助行为、公民道德和运动家精神的项目良性组织行为量表。Braun et al.(2012,2013)认为,项目等临时性组织所表现出的时间、任务、团队和变更维度是项目人员的良性组织行为的主要影响因素,并采用探索性研究方法提出项目良性组织行为的五个维度:(1)帮助行为。与企业等组织中的帮助行为相比,项目帮助行为是跨越组织边界的行为,项目人员不仅会帮助自己团队的同事,也会帮助其他团队的同事共同完成任务。(2)项目忠诚。与一般的组织忠诚相比,项目忠诚不仅体现在项目人员对所在的组织保持忠诚,还表现出对由多个团队组成的项目组织整体的忠诚。(3)项目服从。项目服从是服从项目组织所有的规章制度和流程,即使在无人监督时也会自觉遵从,而组织遵从强调遵守组织中的社会规范。(4)个体主动。个体主动是指投入远超合同要求的创造性努力来更好地完成任务,这与企业等组织中的个人主动性表现内容十分相似。(5)关系维护。相对于企业等永久性组织,项目组织往往更容易激发项目人员对项目治理的兴趣,尤其表现在建立与项目组织中同事的个人关系,而且这种关系不会随着项目组织的解散而消失。既有的项目良性组织行为维度的相关研究成果具体如表 2.3 所示。

表 2.3 项目良性组织行为维度的相关研究成果

代表成果	维度结构	维度名称
Yen et al.(2008)	三维结构	帮助行为、公民道德、运动家精神
Aronson and Lechler (2009)	三维结构	帮助行为、公民道德和运动家精神
Braun et al.(2012)	四维结构	项目忠诚、项目服从、项目特定的帮助行为、项目特定的主动行为
Chou et al.(2013)	三维结构	参与、共享、牺牲
Ferreira et al.(2013)	五维结构	帮助行为、项目忠诚、项目服从、个人主动性、关系维护
Braun et al.(2013)	五维结构	帮助行为、项目忠诚、项目服从、个体主动、关系维护

综合上述研究成果，本书总体上归纳出以下三个方面的特点：(1)以布朗(Braun)为代表的学者基于项目管理的理论视角，结合项目情境提出了项目良性组织行为的五维模型，开始得到广大学者的认可。(2)Ferreira et al. (2013)针对葡萄牙和德国文化情境下的项目良性组织行为开展了对比研究，但是基于中国文化背景下项目良性组织行为的维度研究和量表开发还比较缺乏。(3)鉴于国内建设项目的规模日益增大，复杂程度日益提高，国内建设项目的现状与国外项目的情境存在不同，因此有必要研究中国情境下的项目良性组织行为的维度结构和量表开发。

三、项目良性组织行为的研究热点

(一)项目良性组织行为的影响因素研究

社会交换理论是解释良性组织行为最好的理论。该理论认为，员工工作的目的是获得经济和社会性的报酬，员工与组织的关系遵循互惠原则(Blau,1964;Organ,1997)，员工的行为产生于社会交换的基础之上，任务绩效是组织要求员工必须付出的行为，而作为关系绩效的良性组织行为则是员工自愿回报组织的行为。Shore et al.(2003)研究了不同文化背景下的员工与组织关系，发现在不同文化背景下都存在社会交换过程。Hui et al.(1999)认为，良性组织行为在社会交换过程中扮演着重要角色。Braun et al.(2013)基于项目等临时性组织的研究，认为社会交换理论可用于解释项目团队成员的良性组织行为动因。

Podsakoff et al.(2000)基于相关文献的元分析，将良性组织行为的影响因素归纳为四个方面：(1)个体特征。主要包括工作满意度、承诺等态度因素(Moorman,1991;Van Dyne et al.,1994;Organ and Ryan,2010;Bolino,1999)。(2)任务特征。主要有任务反馈、任务常规性等形式(Podsakoff et al.,2000)。(3)组织特征。主要包括组织凝聚力、组织文化等组织层面的行为和态度因素(Hui et al.,1999;Turnipseed and Murkison,2000)。(4)领导行为。主要包括变革型领导、领导—成员交换等行为因素(Podsakoff et al.,1990;Chen et al.,1998;Wang et al.,2005)。

自 Braun et al.(2012)正式提出项目良性组织行为的概念以来,对其影响因素的研究呈现分散化的特点,大体上可以归纳为两个方面:(1)项目人员个体特征。项目人员个体特征的研究主要包括团队士气、承诺等态度因素和责任心等个性因素。基于新加坡项目团队的实证研究,Tan and Tan(2008)发现,项目团队成员的责任心与其良性组织行为正相关,而与其社会惰化负相关,并且项目团队成员的责任心能够增加团队成员的良性组织行为,从而减少社会惰化行为。He(2012)通过对美国软件开发项目的研究,指出项目团队中的"搭便车"行为会对项目团队绩效产生消极的影响,并且团队士气的提升有助于激发团队成员的良性组织行为,减少"搭便车"行为,从而整体上提高项目团队绩效。(2)项目组织特征。对项目组织特征的研究主要包括项目组织文化和组织公正两个因素。Aronson and Lechler(2009)通过对美国的新产品开发、IT 项目和工程项目的实证研究,发现项目组织文化能够培养和增加项目人员的良性组织行为。Chou et al.(2013)发现 IT 项目人员所感知的分配公平和互动公平会通过工作承诺的中介作用显著正向影响其良性组织行为,而程序公平对 IT 项目人员的良性组织行为影响则不显著。

从上述研究成果来看,项目良性组织行为的影响因素研究可以归纳为两个方面的趋势:(1)虽然部分个体特征因素会对项目良性组织行为产生积极的影响,但是相关研究仍沿用传统的组织管理理论,项目情境对良性组织行为的影响仍有待更深入的研究。(2)相比于项目人员个体特征,项目组织特征更能体现项目情境,其对项目良性组织行为的影响更加重要,但是相关研究还缺乏系统性,需要进一步的整理。

(二)项目良性组织行为的结果变量研究

相比于项目良性组织行为的影响因素研究,项目良性组织行为的结果变量研究更加明确,主要关注两个方面:(1)项目绩效或项目成功。Yen et al.(2008)基于信息系统项目的实证研究发现,项目中的良性组织行为可以通过调整项目氛围和有效管理项目来实现项目成功。Aronson and Lechler(2009)对不同行业的项目组织的实证研究发现,项目人员的良性组织行为会对项目成功产生显著正向影响。Braun et al.(2013)基于对 IT 开发、影视制作、工程项目等临时性组织的研究，指出项目良性组织行为会对项目效能产生积极的影响。Ferreira et al.(2013)通过对德国和葡萄牙的项目组织的实证研究，认为项目人员的良性组织行为能够对项目目标实现产生积极的影响，尤其是在葡萄牙情境下的项目良性组织行为对项目目标实现的影响作用更大。(2)项目人员关系。Braun et al.(2013)认为项目良性组织行为会对项目人员关系产生正向作用。Ferreira et al.(2013)基于不同行业项目组织的实证研究发现，项目人员的良性组织行为会对今后的个人合作机会产生积极的影响。

综合上述相关研究成果，项目良性组织行为的结果变量研究存在两个特征：(1)目前项目良性组织行为对项目绩效或项目成功的影响研究成果十分有限，不过相关研究结论证实项目良性组织行为显著正向影响项目绩效或项目成功。(2)关于项目人员关系等结果变量的研究还处于初始阶段，既有研究对相关影响路径的研究还不明确，进一步了解项目良性组织行为的影响结果还存在困难。

第三节　项目绩效研究综述

一、项目绩效的内涵

Turner and Müller(2003)认为，项目是一个具有内在不确定性的临时和短暂的组织。从项目管理的角度，建设项目是最典型的项目，具有任务明确性、产品唯一性、产品整体性和管理复杂性的基本特征(卢有杰，1997；丁士昭，2006)。与企业等永久性组织相比，项目组织具有以下三个特征：(1)组织临时性。这不是指组织存在时间的长短，而是指存在时间的有限性(杨伟等，2013)。Turner(2006)认为，项目组织的设立是为了完成某项任务，在任务完成后就会解散。(2)团队多样性。项目组织通常由多个具有不同专业背景的团队组成，项目目标和组织边界都取决于任务，并且会根据任务的执行情况对团队的构成进行动态调整(Lundin and Steinthórsson,

2003)。此外,在项目组织成立前,团队成员通常归属于母体组织,这导致了团队成员对项目组织归属感的弱化(Lundin and Söderholm,1995)。(3)任务复杂性。项目组织执行的任务总是具有一定程度的复杂性,这种复杂性既来源于任务本身,又受到外部环境不确定性的影响(Brady and Davies,2004;Shenhar,2001)。从对国内外文献梳理的情况来看,尚未发现有关项目绩效的专门理论,目前学术界主要借鉴组织绩效的理论,从不同的视角来解释项目绩效的内涵。

（一）目标理论视角

目标理论认为绩效是组织所期望的一种结果,组织有自己的最终认同目标,绩效可以用实现自己制定的目标的程度来衡量(Etzioni,1964)。例如:Lim and Mohamed(1999)认为,项目绩效是一些预定目标的完成状况。传统的项目绩效强调明确的进度、成本和质量目标,因此"铁三角"指标来源于目标理论。

（二）过程理论视角

过程理论是用组织成员的行为来定义绩效,可以用具代表性员工的行为来衡量绩效(Steers,1977)。不过,由于行为具有不稳定性,项目的不同阶段对行为的要求存在差异,因而以项目成员的行为来衡量项目绩效具有一定的争议性。

（三）利益相关者理论视角

利益相关者理论认为组织面临着多维的潜在冲突的绩效指标,对于管理者而言某些绩效指标可能比其他指标更重要,并且绩效评价指标是动态变化的(Hage,1980)。与目标理论和过程理论相比,利益相关者理论认为组织绩效既是多维度的,又是主观多元评价的,并且把这些理论当作普遍框架下的特例(Connolly et al.,1980)。由于利益相关者有各自的期望水平,因而绩效就是为了衡量组织对利益相关者期望的满足程度而构建的指标(Friedlander and Pickle,1968)。例如:Shenhar et al.(1997)认为,项目绩效基于客户的需求,应当让客户满意。由于建设项目涉及众多的利益相关者,从利益相关者理论视角来认识项目绩效更具有价值。

二、项目绩效与项目成功、项目效能的区别

通过对相关文献研究的梳理，项目绩效与项目成功、项目效能等概念常常被国内外学者使用，因此有必要对这些概念进行比较和界定。

(一)项目绩效与项目成功

Freeman and Beale(1992)认为，项目成功的概念并不清晰，不同人感知的项目成功可能有很大差别。DeWit(1988)认为项目成功关注项目满足所有既定目标，而项目管理成功只关注传统的时间、预算和质量目标。Collins and Baccarini(2004)进一步提出，项目成功是由包含"铁三角"目标的项目管理成功以及与产品结果相关的项目产品成功两部分组成。虽然项目绩效与项目成功都是针对项目结果的评价，但是项目绩效包括基于既定标准对项目过程和项目结果的评价，其范围要比项目成功更广泛。此外，项目成功的评价需要依赖评价标准和体系，而项目绩效的评价只需要评价体系。因此，项目成功偏重主观的定性评价，而项目绩效更为量化和综合。

(二)项目绩效与项目效能

项目效能是基于项目组织的组织效能。Daft(1995)认为，组织效能是组织能够实现其目标的程度，包括有效性和效率两个方面。Bryde(2008)认为，项目效能的评价除了短期的"铁三角"目标外，还应当包括诸如组织利益等长期指标。Braun et al.(2013)指出，项目效能可以用时间、预算、质量和成员感知的总体项目成功来评价。许劲(2010)基于国内建设项目的实证研究，构建了包括过程绩效、质量绩效、创新学习绩效以及利益相关者绩效的项目绩效评价体系。虽然项目绩效与项目效能均针对项目过程和项目结果进行评价，但是项目效能的评价包括部分主观认知的指标，而项目绩效的评价则体现为更加全面的评价体系。

关于项目绩效的概念，目前学术界尚未有统一的定义。基于上述相关概念的对比分析，并结合建设项目的特征，本书将项目绩效定义为建设项目参与方为了实现预定项目目标而表现出的行为和结果，并可以用传统的"铁三角"目标和参与方满意度等软指标来评价。

三、项目绩效的评价方法

国内外学者基于不同的研究视角提出了项目绩效的评价方法,目前学术界普遍接受的评价方法和模型主要有以下几种。

(一)关键绩效指标

关键绩效指标(key performance indicators,KPI)是用于衡量企业组织绩效的可量化的指标体系。针对建筑行业的关键绩效指标可以用于对项目绩效和组织绩效进行评价(KPI Working Group,2000)。Chan et al.(2004)基于对相关文献的元分析构建了项目关键绩效指标图,将关键绩效指标分成客观绩效指标和主观绩效指标两部分。客观绩效指标中,工期、成本、利润、健康和安全、环境绩效可以根据项目的客观数据计算得到;主观绩效指标中,质量、功能性、使用者期望和满意度、参与方满意度可以通过主观量表来测量评价。项目关键绩效指标的应用通过收集有关数据,结合定性或定量的方法来确定 KPI 评价值,然后将每个 KPI 评价值与同行业的绩效基准值进行比较,并在雷达图中绘制出项目 KPI 评价值与基准值的比值,从而直观地展现整体项目绩效表现。孟宪海(2007)基于国际工程项目绩效评价体系的文献研究,归纳出十个 KPI 评价指标:质量缺陷、安全事故、施工进度、施工成本、生产率、利润率、客户对产品的满意度、客户对服务的满意度、对于进度的预测能力、对于成本的预测能力。Yeung et al.(2007)认为,KPI 评价体系除了传统的时间、成本、质量和安全指标外,还应当包含项目参与方关系质量、索赔数量等。Barclay and Osei-Bryson(2010)认为,传统的"铁三角"指标不能充分反映项目绩效的状况,KPI 评价体系应当包含项目管理或项目团队、客户或其他利益相关者、项目产品或服务、未来的准备等类别的相关指标。孙慧等(2012)结合国内 PPP 项目主要参与方的利益目标,提出了九个项目绩效的关键指标,其中工期、成本、安全等指标可以通过定量计算得到,而资源利用、功能、参与方满意度等指标则通过调查问卷来测量评价。

(二)项目管理成熟度模型

项目管理成熟度是一个项目组织具有的按照预定目标、条件可靠并成功地实施项目的能力,实质上是项目管理过程的成熟度。作为一种全新的方法,项目管理成熟度模型旨在为提高组织的项目管理水平提供一个评估改进的框架。1987年,美国卡耐基·梅隆大学首先提出了用于软件开发项目评价的成熟度模型(capability maturity model,CMM)。在CMM的基础上,Kwak and Ibbs(2002)提出了项目管理过程成熟度模型(project management process maturity model),建立了由五级成熟度、九大知识领域以及五个管理过程组成的三维空间,同时提出了相应的定性评价标准。美国项目管理协会提出了包含四个等级的组织项目管理成熟度模型(organization project management maturity model,OPM3),分别针对单个项目管理、项目群管理以及组合项目管理,用于衡量一个项目组织的成熟度水平(Project Management Institute,2003)。项目管理成熟度模型是对项目组织在项目管理过程中所表现的能力进行评价,而不是对诸如进度、成本、质量等项目完成后的绩效做出评价。成熟度模型主要强调项目管理过程的重要性,而绩效只是反映管理过程控制状况的必然结果(孟宪海,2006)。

(三)平衡计分卡

Kaplan and Norton(1992)提出了平衡计分卡(balanced score card,BSC),通过财务维度、客户维度、内部过程维度、学习与成长维度来全面衡量企业绩效。BSC的理论发展和应用经历了三个阶段:(1)作为绩效评估的改进工具,提出了财务、客户、内部过程、学习与成长四个维度的绩效评估框架;(2)作为战略地图工具,强调了组织的战略意图应当在评价指标的筛选和分类时得到充分反映;(3)作为组织战略执行的工具,明确了组织所有的资源应当集中用于实现组织的战略目标(丁津津,2007)。国内外学者针对不同的项目类型,拓展了BSC的关注视角和研究层次。Eilat et al.(2008)通过对研发项目的实证研究,结合数据包络分析,提出了包含四个原始视角和不确定性视角的BSC五维度绩效评估框架。张燎(2008)基于对国内政府公共项目的研究,构建了基于BSC的项目绩效评价体系,并且绘制了相应的战略地图。许劲(2010)通过对国内建设项目的实证研究,构建了基于BSC的建设工程项目绩效多维整合测量框架。

四、项目绩效的维度

目前,学术界尚未形成统一的项目绩效评价体系。传统的项目绩效测量指标被限定为"铁三角"目标,但是这种项目绩效的评价方法限制了项目的战略价值(Jugdev and Müller,2005)。Westerveld(2003)认为,除了进度、成本和质量的"铁三角"指标以外,项目绩效的评价体系还应当考虑诸如利益相关者等更广泛的视角。Crawford and Bryne(2003)指出,"铁三角"指标仅仅描述了项目效率方面的表现,而没有考虑项目有效性的重要性。Chan et al.(2004)构建的项目关键绩效指标体系,既包括工期、成本、价值和利润、健康和安全、环境绩效等客观绩效指标,也包括质量、功能、使用者满意度、参与方满意度等主观绩效指标。Wong et al.(2009)基于相关文献提出,建设项目绩效评价标准应当包括两个方面:(1)项目效率,包括实现预定项目进度、成本和质量目标、满足客户需求的水平和维持预期利润的程度;(2)项目效能,包括解决不能实现预定目标问题的能力、应对项目需求变化的能力、消除面临的风险和后果的能力、从错误中吸取教训并进行优化的能力、与项目参与方有效沟通的能力。许劲(2010)基于对国内建设项目的研究,提出了包括过程绩效、质量绩效、创新与学习绩效、利益相关者绩效四个维度的项目绩效量表。

基于项目的过程和结果绩效观,国内外学者针对不同类型项目差异构建了项目绩效维度和量表,具有代表性的研究成果如表 2.4 所示。

表 2.4　项目绩效维度的相关研究成果

代表成果	研究对象	维度名称
Chan et al.(2004)	建设项目	客观绩效(包括工期、成本、价值和利润、健康和安全、环境绩效)、主观绩效(包括质量、功能、使用者满意度、参与方满意度)
孟宪海(2007)	国际工程项目	客户对于产品或服务的满意度、质量缺陷、对于成本或进度的预测能力、安全、生产率、利润率、施工成本、施工进度
Aronson and Lechler(2009)	新产品开发、IT 项目和工程项目	项目完成是组织经济上的成功、总体上项目是成功的、客户对项目的过程或结果满意、项目满足了全部技术规格、项目被预期客户使用、重要客户直接受项目影响而使用、客户使用项目将体验更有效的决策和绩效提升、项目实施过程中获得新知识

续表

代表成果	研究对象	维度名称
Wong et al. (2009)	工程项目	项目效能（包括解决不能达到预定目标问题的能力、满足项目需求变化的能力、消除面临的风险和后果的能力、从错误中吸取教训并进行优化的能力、与项目参与方有效沟通的能力）、项目效率（包括实现预定项目进度、实现预定项目成本、实现预定项目质量、满足客户需求的水平、维持预期利润的程度）
Toor and Ogunlana(2010)	大型公共 项目	项目按进度完成、项目满足预算要求、项目有效使用资源、项目实现安全目标、项目满足技术规格、项目没有质量缺陷、项目符合利益相关者的预期、项目有效性较高、施工争端最小化
许劲（2010）	建设项目	过程绩效（包括项目进度执行超过预期、项目不存在成本超支、项目中的变更响应很及时）、质量绩效（包括项目的单位工程优良率高、项目满足预定的技术规格和功能需求、项目中非符合性返工少）、创新与学习绩效（包括项目中实现多项技术突破与创新、项目中实施程序及工具的开发或持续改进、项目中识别多项最佳实践）、利益相关者绩效（包括任务成功完成后获得项目其他参与方的肯定、项目参与方都实现自身承诺并符合参与方的预期、项目参与方再次合作的可能性大、项目实施中参与方之间没有相互诉讼或索赔）
Ika et al. (2012)	国际工程 项目	项目按进度完成、项目满足成本要求、项目符合用户预期、项目的所在国受益、项目的收益方受益、项目具有较好影响、项目具有可持续性、项目是成功的
Yazici(2011)	不同行业 项目	项目按进度完成、项目满足预算要求、项目符合用户预期、项目团队成员满意共同工作
孙慧等（2012）	PPP 项目	工期、成本、安全、环境影响、资源利用、质量、功能、公众对服务的满意度、参与方的满意度
Ferreira et al. (2013)	不同行业 项目	项目满足客户全部需求、项目按进度完成、项目目标得到实现、从组织的角度项目是成功的
Braun et al. (2013)	不同行业 项目	项目满足质量要求、项目满足预算要求、项目按进度完成、项目满足客户需求、项目总体成功
Gu et al. (2014)	IT 项目	项目按进度完成、项目满足预算要求、项目符合用户预期、项目团队成员满意共同工作、项目对于组织的收益较好、项目促进销售增长、项目有利于组织提高市场份额、项目有利于组织提升竞争地位

　　综合上述项目绩效维度研究成果,可以归纳出以下两个方面特点:
(1)进度、成本和质量的"铁三角"指标在项目绩效量表中都有所反映,并且
参与方满意、符合利益相关者预期等软指标也出现在大多数项目绩效量表
中。(2)针对不同行业情境,项目绩效量表存在差异,一些学者选取适用于
行业特征的项目绩效指标。

第三章　理论分析与研究假设

第一节　理论基础

一、项目组织文化对项目绩效影响的理论基础

项目组织文化对项目绩效影响的研究起源于管理学领域中组织文化与组织绩效的关系研究。从相关的研究成果来看,国内外学者普遍认同组织文化对组织绩效具有积极的影响作用。Schein(1985)通过定性研究认为组织文化对组织绩效有积极的影响作用,组织文化不仅有助于帮助组织更好地适应外部的环境,而且能够有效地整合组织内部的各个要素。Cameron and Quinn(1998)基于文献回顾和实证研究,发现组织的主导特征、领导风格、管理角色、人力资源管理、质量管理以及对成功的判断准则都会对组织的绩效产生显著的影响,并基于竞值架构模型构建了组织文化评价量表,用于评价组织的文化类型以及文化变革方向。

相比于企业等永久性组织,项目等临时性组织具有组织临时性、团队多样性、任务复杂性和有限性等独特特征,导致项目组织文化除了具有与企业文化相同的一些共性特征,也具有明显区别于企业文化的个性化特征(如任务导向性、多元融合性、快速形成性)。因此,部分学者开展了项目组织文化对项目绩效的影响研究,并且取得了一些有价值的研究成果。

Thomas et al.(2002)基于澳大利亚的建设项目的组织文化研究发现,团队文化与更高的项目质量绩效指标相关,而常见的市场文化与较低的项目质量绩效指标相关,并且指出建设项目组织文化应当从市场文化向团队文化进行转变。Shore(2008)基于美国的九个失败项目案例研究,发现这些失败的项目都与强调稳定性和内部关注的项目组织文化高度相关,并指出在这种文化类型的项目组织中,即使强有力地采用传统的项目管理工具,也无法避免项目失败。Aronson and Lechler(2009)基于美国的新产品开发、IT项目和工程项目的实证研究,发现建设性特质项目组织文化会对项目成功产生直接的积极影响,但是防御性特质项目组织文化会对项目成功产生

间接的消极影响。Akgun et al.(2011)基于 IT 项目的实证研究,发现积极的工作氛围能够建立项目成员的情感安全,从而实现 IT 项目成功。Gu et al.(2014)通过对中美两国 IT 项目的实证研究,发现项目组织文化中积极的工作环境、领导风险容忍度和结果导向的文化特质会对项目绩效产生直接的积极影响,但是宏观集体主义文化特质对 IT 项目绩效没有影响。Yazici(2009,2011)通过对美国的不同行业项目组织的实证研究,发现不同类型的项目组织文化对项目绩效和组织绩效的影响存在差异,其中团队文化能够对项目绩效和组织绩效都产生积极的影响,市场文化能够提升项目型组织的经营绩效,而灵活文化对项目绩效和组织绩效均没有影响。朱振涛(2012)基于国内工程项目文化的实证研究结果表明,工程文化会对建筑工程项目绩效产生显著的积极影响。

综合上述国内外学者的研究成果,项目组织文化会对项目绩效产生显著的积极影响已经得到普遍认同。不过,针对不同特质或类型的项目组织文化和项目绩效的影响的关系存在不同的观点。此外,关于不同类型的项目组织文化对项目绩效影响的研究尚不多见,尤其缺乏以中国情境下建设项目为研究对象的研究成果。本书将针对上述不足之处开展深入研究。

二、项目组织文化对项目良性组织行为影响的理论基础

项目组织文化对项目良性组织行为影响的研究起源于组织行为学和管理学领域中组织文化与良性组织行为的关系研究。从国内外相关文献来看,大多数学者认同组织文化对良性组织行为具有积极的影响,并有少数学者对两者之间的影响关系开展了实证研究。Organ(1988)认为,组织文化与良性组织行为之间存在密切关系,当员工个人价值观与组织价值观接近时,员工会表现出更好的良性组织行为。Podsakoff et al.(2000)认为,员工是否表现出良性组织行为还可能与情境因素、规范期望等有关。Turnipseed and Murkison(2000)通过对美国与罗马尼亚的企业员工的实证研究发现,国家文化和组织文化对员工的良性组织行为具有重要的影响。

虽然部分实证研究表明组织文化对良性组织行为具有显著的影响,但是一些研究也指出,良性组织行为在不同类型的组织文化之下有显著差异。

Goodman and Svyantek(1999)通过实证研究发现,组织文化确实会影响员工的良性组织行为,组织文化中热情与竞争维度对良性组织行为中帮助和尽责两个维度有显著的正向影响。傅永刚和许维维(2005)基于国内企业的实证研究发现,良性组织行为在不同组织文化类型中存在显著差异,其中市场型文化下员工的良性组织行为表现明显优于其他类型的组织文化,而活力型文化下员工的良性组织行为表现劣于其他类型的组织文化。

目前,学术界关于项目组织文化对项目良性组织行为影响的研究十分匮乏。尽管部分学者通过定性研究认为,项目组织文化可以通过塑造成员的行为来影响项目的结果,不过仍缺乏实证研究结论的支持。Ferreira et al.(2013)基于德国和葡萄牙的不同行业项目组织的实证研究,发现相比于德国的项目情境,葡萄牙情境下项目成员的良性组织行为对项目绩效的影响会更大,研究结果证实项目良性组织行为并非与文化情境不相关。Aronson and Lechler(2009)基于美国的不同行业项目组织的实证研究发现,项目组织文化能够培养和促进项目成员的良性组织行为,其中建设性特质文化会对项目成员的利他行为、公民道德和运动家精神等行为产生显著的正向影响,而防御性特质文化对项目成员的良性组织行为具有显著的负向影响。

基于上述相关研究的分析,虽然国内外学者理论上认同项目组织文化会对项目良性组织行为产生显著的正向影响,不过相应的实证研究成果仍十分有限,针对中国情境下建设项目组织文化对项目良性组织行为影响的研究成果尚未发现。本书将针对上述不足之处开展进一步的研究。

三、项目良性组织行为对项目绩效影响的理论基础

项目良性组织行为对项目绩效影响的研究起源于组织行为学和管理学领域中良性组织行为与组织绩效的关系研究。基于相关研究分析,大多数学者认同良性组织行为能够对组织绩效产生显著的正向影响作用,甚至指出这种作用具有不可替代性。Organ(1988)最初定义良性组织行为时,认为良性组织行为能够从整体上提高组织效能。Podsakoff et al.(2000)通过对既有文献的元分析,发现大量的研究结果表明良性组织行为能够对组织绩

效产生积极的影响,主要体现在提高员工生产力、提高管理生产力、释放资源、减少冲突和维护关系、改善团队协调、强化雇主品牌效应、提高效率、增强组织适应环境变化能力等八个方面。Podsakoff et al.(1997)基于对美国的造纸企业工作团队的研究发现,工作团队的帮助行为和运动家精神会对企业产量绩效指标产生积极的影响,并且帮助行为会对产品质量绩效指标产生正向的影响。Nielsen et al.(2009)认为,团队的良性组织行为反映了团队成员之间对于应当表现出的良性组织行为水平的规范化期望,并且通过对相关文献的元分析发现,团队的良性组织行为能够对团队绩效和组织绩效产生积极的影响。

从国内外相关研究来看,大多数研究对象是企业等永久性组织,很少有针对项目等临时性组织的研究成果。Yen et al.(2008)首先关注项目中的良性组织行为现象,并且通过对信息系统项目的实证研究,发现项目中的良性组织行为能够对项目成功产生积极的影响。Aronson and Lechler(2009)基于美国的新产品开发、IT项目和工程项目的实证研究,发现项目成员的良性组织行为会对项目成功产生直接的积极影响,并且项目中的良性组织行为比项目组织文化对项目成功的影响作用更大。Braun et al.(2012)首次提出项目良性组织行为的概念,认为它是一种跨组织边界的、嵌入人际关系网络的良性组织行为,并且项目组织区别于企业组织的时限性、临时性、任务复杂性和工作可变性特征会影响项目良性组织行为的表现。Braun et al.(2013)基于不同行业项目组织的研究发现,项目良性组织行为不仅整体上会对项目绩效产生积极的影响,并且项目良性组织行为中帮助行为、项目忠诚、项目服从、个人主动性和关系维护五个维度能够分别对部分"铁三角"项目绩效指标产生积极的影响。

从上述的文献来看,大多数学者认同项目良性组织行为对项目绩效具有显著的正向影响,不过在项目良性组织行为的不同维度对项目绩效的影响程度上存在差异,尤其是针对中国情境下项目良性组织行为对项目绩效影响的研究成果十分有限,这也是本书的研究立足点之一。

第二节 深度访谈

一、深度访谈的过程

定性研究的目的是收集实践中针对某一问题的相关信息,以便研究者对研究的问题有更深的认识(Creswell,2012)。作为定性研究的主要方法之一,深度访谈是指研究者与受访者对所关注的问题进行公开的畅谈,包括非结构访谈与半结构访谈。非结构访谈是研究者在未事先准备访谈清单的情况下邀请受访者畅所欲言,而仅使用一份备忘录来进行访谈;半结构访谈是研究者根据事先准备的访谈表,逐项询问受访者来搜集资料(陈晓萍等,2008)。研究者可以采用比较灵活的深度访谈方法,根据采访对象选择提问的方式和用词,这样更容易得到问卷法难以得到的资料(李怀祖,2004)。

本书的深度访谈历时两个半月,包括一个月的访谈提纲和受访者准备,一个半月的访谈组织、记录与总结。具体而言,深度访谈的过程分成以下三个步骤。

(一)明确访谈提纲

访谈提纲主要包括一系列没有固定用词或顺序的讨论主题,但这些讨论主题都是与研究主题相关的一些子论题(Minichiello and Kottler,2009)。访谈时可以在一般性问题的基础上,逐步提出需要讨论的特定问题。访谈中所提的问题有半结构化问题,也有非结构化问题。本书所设计的访谈问题是基于国内建设项目情境下项目组织文化的特征类型及其对项目绩效的影响、项目良性组织行为的特征维度及其对项目绩效的影响、项目组织文化或项目良性组织行为与项目绩效之间的影响等方面分别设置的。访谈提纲中问题的表述尽量简单清晰,必要时对一些学术概念加以界定,实际访谈时结合受访者的偏好和工程实践调整问题的顺序以及深度,保证受访者能够做出较为客观真实的回答。具体的深度访谈提纲见本书附录 A。

(二)确定受访者人数和对象

为了获得足够的、有代表性的信息,受访者人数取决于受访者对某一研究主题达成一致,或是不一致的地方可以被解释清楚,或是再没有针对研究主题新的发现(Patton,1990)。因此,受访者人数取决于目标的实现,而非由某一特定的方法论规定。本书在进行深度访谈前,并未确定受访者人数,而是访谈14位受访者后,发现没有新的观点出现,最后又增加3位受访者,以确保访谈所获得的结果的稳定性。

受访者的选择标准为访谈对象的异质性和与研究议题的相关性(Dick,1998)。本书的深度访谈对象主要来自工程行业的专业人士,分别在上海西岸传媒港、上海迪士尼酒店、江苏无锡金融服务区、浙江安吉天使乐园等项目工作,这些业内人士都是作者能够接触到并便于进行当面访谈的管理层人员。受访者都有超过10年的行业内工作经验,并且分别来自业主、承包商、工程咨询和设计单位。此外,为了能获得从学术研究角度有价值的看法,本书还邀请了3位具有建设工程管理研究和上海世博会项目管理咨询经验的大学教授进行访谈。具体的17位受访者情况如表3.1所示。

表 3.1　受访者基本情况

序号	性别	年龄	学位	职位	访谈时长	工作时间	项目参与方性质
A	男	39岁	学士	上海迪士尼酒店装饰主管	80分钟	16年	监理/咨询单位
B	女	42岁	学士	上海迪士尼酒店设计部经理	75分钟	16年	业主
C	男	41岁	学士	上海迪士尼酒店项目经理	90分钟	17年	承包商
D	男	45岁	学士	上海迪士尼酒店总监理工程师	85分钟	23年	监理/咨询单位
E	男	39岁	硕士	上海西岸传媒港项目经理	80分钟	12年	业主
F	男	37岁	硕士	江苏无锡金融服务区项目主管	65分钟	11年	监理/咨询单位
G	男	40岁	硕士	江苏无锡金融服务区项目总监	85分钟	13年	监理/咨询单位
H	女	36岁	硕士	上海迪士尼酒店设计主管	70分钟	11年	设计单位
I	男	39岁	硕士	浙江安吉天使乐园项目总监	80分钟	13年	业主
J	男	38岁	学士	上海西岸传媒港工程部主管	75分钟	16年	业主

续表

序号	性别	年龄	学位	职位	访谈时长	工作时间	项目参与方性质
K	男	43岁	学士	上海西岸传媒港工程部经理	85分钟	21年	业主
L	男	34岁	学士	上海迪士尼酒店机电经理	65分钟	11年	承包商
M	男	39岁	硕士	上海迪士尼酒店进度控制经理	90分钟	13年	监理/咨询单位
N	男	45岁	硕士	浙江安吉天使乐园项目经理	85分钟	18年	监理/咨询单位
O	男	51岁	博士	教授	95分钟	27年	专家
P	男	45岁	博士	教授	95分钟	21年	专家
Q	男	39岁	博士	教授	90分钟	12年	专家

（三）组织访谈过程

第一步，确定访谈时间和方式。访谈时间都在访谈前一天联系受访者进行确认，所有访谈都采取面对面方式。第二步，说明访谈目的。在正式提出问题前，向受访者简要介绍研究目的，并向受访者保证对访谈内容保密。为了减少受访者的表达错误，访谈过程进行了录音，并在归档前回放给受访者确认。第三步，开放讨论相关问题。在访谈过程中，经常采用"你能举个例子吗"的提问方式来讨论研究问题，逐步聚焦受访者的观点。第四步，总结访谈结果。在确认已讨论了所有问题并且受访者没有更多信息提供后，对访谈获取的信息进行总结，请受访者确认并向其表达感谢。

二、深度访谈的问题

深度访谈的问题是在文献分析的理论基础上提出的，目的是为理论基础的验证提供现实的依据。本书设计的深度访谈问题都是在每个部分首先问一个总体问题，然后提出相应的子问题。通过访谈提纲的引导，逐步将受访者的观点汇聚。作为访谈提纲的重要组成部分，访谈的主要问题如表3.2所示。

表 3.2　深度访谈的主要问题

研究问题	访谈的问题	访谈目的
建设项目组织文化对项目绩效的影响	问题 1:建设项目组织文化是项目参与方在建设实践中形成的,并且为各参与方成员普遍认同和遵守的价值观以及行为规范。在您的项目工作经历中,是否存在能被参与方普遍认同的组织文化? 如果是,请举例说明 问题 2:根据您的项目工作经历,您是否认为建设项目组织文化能够对项目绩效产生影响? 如果是,您认为哪种特征或类型的文化会对项目绩效产生重要影响? 请举例说明	探索建设项目组织文化及其对项目绩效的影响
项目良性组织行为对项目绩效的影响	问题 3:项目良性组织行为是指建设项目参与方的自愿行为,这种行为超出正式的合同范围,不被正式的报酬系统直接识别,但却能够提升项目绩效。在您的项目工作经历中,是否有过项目良性组织行为? 请您看手中的意向问卷(见附录 B),那是我们从相关研究获得的项目中的良性组织行为表现形式,请选择您认为符合所参与的项目实际的题项。如有表中未涉及的,请说明 问题 4:根据您的项目工作经历,您是否认为项目良性组织行为能够对项目绩效产生影响? 如果是,您认为项目良性组织行为哪些表现形式对项目绩效的影响较大? 请举例说明	探索项目良性组织行为及其对项目绩效的影响
建设项目组织文化对项目良性组织行为的影响	问题 5:根据您的项目工作经历,您是否认为建设项目组织文化对项目良性组织行为会有影响? 如果是,您认为哪种特征或类型的文化对项目良性组织行为的影响较大? 请举例说明 问题 6:上述交谈的三个方面内容(建设项目组织文化、项目良性组织行为、项目绩效),请您按照它们的影响关系排序	探索建设项目组织文化、项目良性组织行为与项目绩效之间的影响关系

　　具体而言,首先,通过与受访者交谈相关工作经历,引入建设项目组织文化的研究主题,倾听受访者的观点,再进一步提出与建设项目组织文化对项目绩效影响研究有关的访谈问题,收集受访者的看法,从而深化建设项目组织文化类型对项目绩效影响的认识。然后,通过引入项目良性组织行为的概念,并结合对通过总结国内外相关文献得出的项目良性组织行为的维度以及表现形式的打分,收集受访者对项目良性组织行为的看法,为后续项

目良性组织行为的维度结构提供依据。同时,进一步提出项目良性组织行为对项目绩效影响研究有关的访谈问题,收集受访者的看法,从而加强不同表现形式的项目良性组织行为对项目绩效影响的认识。最后,提出受访者关于建设项目组织文化对项目良性组织行为影响研究有关的访谈问题,倾听受访者的观点,从而加深对于不同类型建设项目组织文化对项目良性组织行为影响的认识。同时,进一步提出建设项目组织文化、项目良性组织行为和项目绩效之间的影响机研究有关的访谈问题,收集受访者的看法,从而为后续理论模型和研究假设提供现实的依据。

三、深度访谈的结果分析

深度访谈有助于在相关文献梳理基础上强化研究所需的理论基础。对17位受访者的深度访谈,最短访谈时间为 65 分钟,最长访谈时间为 120 分钟。将访谈录音与访谈记录对照整理成书面文本,并结合访谈记录进行归档和编码,再对一级编码中重复或接近的内容进行进一步提炼,归纳出更抽象的范畴。具体的深度访谈结果分析如下。

(一)建设项目组织文化及其对项目绩效的影响

深度访谈的前两个问题用于探究国内建设项目组织文化的特征类型,并且进一步了解不同的建设项目组织文化特征类型对项目绩效的影响。结合相应的访谈结果汇总,全部受访者认为国内建设项目中存在被项目参与方普遍认同的组织文化,并且认为建设项目组织文化能够对项目绩效产生积极的影响。具体的归纳范畴和相关例证如表 3.3 所示。

表 3.3　深度访谈归纳范畴和相关例证引用-研究论题 1

序号	范畴归类	一级编码	例证引用
1	项目组织文化具有明显区别于企业文化的特性	项目组织文化强调参与方文化的融合	企业强调长期发展,员工不存在明显的冲突;而项目参与方之间差异很大,项目组织文化强调参与方文化的融合
2		项目组织文化具有动态变化性	企业是一个封闭系统,成员仅仅是分工不同;项目是由多个团队成员构成,不仅分工不同,而且各个阶段的目标也不一致,导致项目组织文化的动态变化性
3		项目组织文化形成时间短,一般在项目初期快速形成	企业文化是长期积淀形成的,相对比较稳定;项目组织文化形成时间比较短,一般在项目成立初期就快速形成,达到项目目标后可能就消失了
4	项目组织文化具有典型的特征类型	团队合作的项目组织文化	项目参与方来自不同的组织,项目中应当推崇的是团队合作和利益共赢的价值观,甲方和乙方是利益共同体,甲方脱离乙方也不可能把项目干好
5		层级和流程控制的项目组织文化	迪士尼酒店项目强调层层汇报,更倾向于按照规章制度和流程来办事
6		以市场结果导向的项目组织文化	"狼性文化"在万达城市综合体项目上表现得很突出,只以预定目标是否能够实现为标准进行考核,以结果为导向
7		鼓励创新的项目组织文化	为了解决项目中的施工难题,上海建工的项目经理提出"勇于创新、争创一流"的口号
8	项目组织文化的不同特征类型对项目绩效的影响存在差异	团队合作的文化有利于参与方相互信任以实现项目目标	在团队合作的氛围下,大家不会去计较工作的成本和自身的得失,各参与方如果没有相互之间的基本信任,会降低沟通的效率,导致较差的项目绩效
9		层级和流程控制的文化有利于实现项目目标	以严格的层级控制为主导的文化对项目绩效的影响较大,如果施工单位无法完成任务,把相关负责人找来训一通,更有利于项目进度的实现
10		以市场结果导向的文化有利于项目目标实现	很多较小的项目都是"短、平、快"项目,大家都注重结果而不注重过程,也能顺利实现项目目标
11		鼓励创新的文化有利于复杂项目进度目标的实现	项目面临很多的技术和施工难题,项目负责人为保证项目能按期完工,提出发扬"勇于创新、不惧风险"的精神

从表 3.3 来看,受访者提出了若干建设项目组织文化区别于企业文化的特性,包括动态变化性、快速形成性和参与方文化融合性。同时,归纳访谈结果的范畴,可以初步得出国内建设项目组织文化的四种特征类型,即团队合作、层级和流程控制、以市场结果导向和鼓励创新,与 OCAI 量表的四个维度进行比较,发现两者之间存在高度的匹配性。与此同时,归纳访谈结果的范畴,可以初步发现项目组织文化的不同特征类型对项目绩效的影响存在差异,如:以层级和控制为主的项目组织文化有利于实现项目目标,而以市场结果导向的项目组织文化有利于一般项目的目标实现。不过,建设项目组织文化对项目绩效的具体影响仍有待实证检验。

(二)项目良性组织行为及其对项目绩效的影响

深度访谈接下来的两个问题针对项目良性组织行为的适用性,同时根据相关文献梳理结果筛选项目良性组织行为的特征维度,并且进一步了解项目良性组织行为的不同维度对项目绩效的影响关系。结合相应的访谈结果,全部受访者认为国内建设项目中存在良性组织行为,并且认为项目良性组织行为能够对项目绩效产生积极的影响。不过,受访者在项目良性组织行为对项目绩效的影响程度方面存在较大分歧,8 位受访者认为项目良性组织行为对项目绩效的影响程度较高,有 1 位受访者认为项目良性组织行为对项目绩效的影响程度较低。具体的归纳范畴和相关例证如表 3.4 所示。

表 3.4 深度访谈归纳范畴和相关例证引用-研究论题 2

序号	范畴归类	一级编码	例证引用
1	项目良性组织行为受到环境因素影响	项目特征会影响项目良性组织行为	有些人觉得世博会项目一生当中难得碰到,需要好好做,所以有超出常规的良性组织行为;而有些一般项目,大家按部就班把项目完成就好
2		长期合作关系会影响项目良性组织行为	虽然项目是临时性的,但是参与方考虑今后长期合作的可能性,也会做出超出业主方要求的良性组织行为

续表

序号	范畴归类	一级编码	例证引用
3	项目良性组织行为具有不同特征维度	利他行为	地块内有三个施工单位虽然与我们没有合同关系，但是也会主动过来沟通，无条件提供自身施工场地，方便我们的施工材料及设备临时存放
4		项目服从	一些项目成员自愿牺牲休息时间来加班完成任务
5		项目忠诚	作为迪士尼酒店项目的施工管理人员，我以在项目工作为光荣
6		关系和谐	业主方对监理方非常不尊重，认为监理方就是做资料的，导致监理方缺乏工作配合的主动性
7		主动性行为	项目面临诸如现场条件较差等很多困难，施工单位根据现场条件提出优化的施工方案，可能是出于自身利益考虑，更重要的是为了项目整体利益考虑
8	项目良性组织行为的不同特征维度对项目绩效影响存在差异	利他行为对项目绩效影响较大	团队之间的帮助行为对项目绩效的影响较大，有时某分包单位能力较弱，在这种情况下相互帮助有利于项目目标的实现
9		项目服从对项目绩效影响较大	设计院的责任意识不强，导致出图的延误，影响现场施工
10		项目忠诚对项目绩效影响较大	任何项目中参与方对项目不认同，就很难把项目干好，对于业主方和参建单位都是这样
11		关系和谐对项目质量影响较大	大型项目的参建方较多，现场出现问题时大家主动沟通，通过协商来解决，从而保证项目的高品质
12		主动性行为对项目进度影响较大	部分业主方人员对于施工单位提出的问题不及时回复，造成现场施工暂停

从表 3.4 来看，受访者提到了影响项目良性组织行为的两个环境因素：一是，大型或复杂项目会激发项目参与方的良性组织行为；二是，各参与方具有长期合作关系也会促进项目参与方的良性组织行为。归纳访谈结果的范畴，可以初步发现项目良性组织行为的特征维度，包括利他行为、项目服从、主动性行为、项目忠诚和关系和谐。考虑到受访者无法完全阐述国内建设项目中的良性组织行为，需要结合受访者对文献梳理得到的良性组织行

为列表的判断,进行项目良性组织行为量表题项的筛选。同时,归纳访谈结果的范畴,可以初步发现项目良性组织行为的不同特征维度对项目绩效的影响存在差异,如:关系和谐对项目质量的影响较大,而主动性行为对项目进度的影响较大。不过,项目良性组织行为对项目绩效的具体影响仍有待实证检验。此外,个别受访者也指出了项目成员的良性组织行为对于大型复杂项目的重要性。如受访者 Q 指出:"对于一般项目而言,项目成员的良性组织行为的意义不大,而对于大型复杂的项目,项目成员的良性组织行为比较重要。"

(三)建设项目组织文化、项目良性组织行为与项目绩效之间的影响关系

深度访谈的第五个问题用于探究建设项目组织文化与良性组织行为之间的影响关系,从而了解既有研究结论的不足之处。结合相应的访谈结果汇总,全部受访者认为建设项目组织文化能够对项目良性组织行为产生积极的影响,其中 15 位受访者认为建设项目组织文化对项目良性组织行为的影响程度较高,有 2 位受访者认为建设项目组织文化对项目良性组织行为影响程度取决于项目类型以及项目参与方的地位。如受访者 E 说:"在业主方比较强势的情况下,能够形成比较稳定的文化氛围,项目组织文化对项目参与方的良性组织行为的影响较大。"具体的归纳范畴和相关例证如表 3.5 所示。

表 3.5　深度访谈归纳范畴和相关例证引用-研究论题 3

序号	范畴归类	一级编码	例证引用
1	项目组织文化的特征类型对项目良性组织行为的特征维度的影响存在差异	团队合作的项目组织文化对项目良性组织行为影响较大	"项目利益高于一切"的文化氛围提倡为项目默默付出,能促进项目参建方做出更多的自愿行为
2		鼓励创新的项目组织文化有利于参与方的主动性行为	在一种宽松的、积极的文化氛围下,施工单位才会愿意承担风险,主动提出各种创新性的方案

续表

序号	范畴归类	一级编码	例证引用
3	项目组织文化的不同特征类型对项目良性组织行为的特征维度的影响存在差异	层级和流程控制的项目组织文化有利于参与方的服从	在迪士尼酒店项目中，大家都会自觉按照规矩来办事，领导一发话，什么事情都好办
4		市场结果导向的项目组织文化不利于参与方的利他行为	在追求自身利益最大化的文化氛围下，设计方会说这不在自身的合同范围内，施工单位会说招标合同中未规定相关内容，并提出工期和经济方面的索赔

从表 3.5 来看，归纳访谈结果的范畴，可以初步发现建设项目组织文化的不同特征类型对项目良性组织行为特征维度的影响存在差异，如：鼓励创新的项目组织文化有利于参与方的主动性行为，而层级和流程控制的项目组织文化有利于参与方的服从。不过，建设项目组织文化对项目良性组织行为的具体影响关系仍有待实证检验。

深度访谈的第六个问题用于通过开放式的问题来了解受访者对于建设项目组织文化、项目良性组织行为与项目绩效之间的影响关系的认识。归纳访谈结果的范畴，有两种主要观点：(1)先形成项目组织文化，再影响项目良性组织行为和项目绩效。有 15 位受访者认为国内建设项目中会先形成一种项目组织文化，再通过影响项目参与方的良性组织行为，最终影响项目绩效。如受访者 H 说："迪士尼项目始终强调安全第一的文化，每个项目参与方都需要接受安全培训，每次开会时都要讲安全，大家逐渐接受这种文化，表现出相应的良性组织行为，最终实现很好的安全目标。"关于产生上述影响关系的原因也有受访者提及，如受访者 O 指出："项目成员表现出良性组织行为，是受到共同价值观的影响。项目组织文化更多体现在价值观上，而良性组织行为则强调具体的行动。"(2)项目组织文化与项目良性组织行为共同影响项目绩效。有两位受访者认为建设项目组织文化与项目良性组织行为相互影响，同时共同影响项目绩效，即建设项目组织文化与项目良性组织行为之间存在交互影响关系。如受访者 P 指出："没有创建项目组织文化之前，项目成员可能会有良性组织行为，这受到个人所感知的文化的影响。除了大型项目以外，一般项目没有形成专门的文化，最初影响个人良性组织行为的是其所感知的文化氛围。"因此,考虑到有 2 位受访者提出建设项目组织文化与项目良性组织行为之间存在交互影响关系,本书将通过后续的实证检验两者之间是否存在交互作用。

总体上,对深度访谈结果的分析为本书中变量的特征维度以及相互之间的影响关系提供了有价值的解释,从而为研究假设的提出和理论模型的构建提供了坚实的基础。同时,深度访谈的结果也为下一步量表设计中题项的选用提供了依据。

第三节　研究假设

一、建设项目组织文化与项目绩效的假设

目前,学术界有关组织文化对组织绩效影响的研究已经取得了相当多的成果,但是相关研究结论主要以企业等永久性组织为研究对象。不过,国内外学者已经关注到项目组织文化对项目绩效的影响作用。在企业等永久性组织中,组织文化伴随着企业的发展逐步形成并得到强化,因此,组织文化对组织绩效的影响具有稳定性和长期性。而在建设项目等临时性组织中,项目参与方之间存在文化差异,导致建设项目一开始实施就面临文化冲突的可能性。此外,由于项目的临时性特征,一旦项目组织文化不能在较短时间内建立起来,对项目绩效的影响就无从谈起。

根据项目管理领域的相关文献分析,Henrie and Sousa-Poza(2005)认为文化可能是导致项目失败的一个重要因素,并且进一步指出在项目管理中文化的作用还未引起高度重视。Ajmal and Koskinen(2008)基于项目型组织的文化研究认为,许多项目的失败可以归因于组织文化,并且指出项目经理在将不同专业团队的文化融合成为统一的项目组织文化方面扮演重要角色。Thomas et al.(2002)通过对澳大利亚的建设项目实证研究,发现团队文化与更高的项目绩效质量指标相关,而市场文化与较低的项目绩效质量指标相关,并且指出建设项目组织文化应当从市场文化向团队文化进行转

变。Anderson(2003)发现强任务导向文化被认为是合适的项目组织文化，能够提高项目绩效的预算指标，而对于项目进度及参与方满意度等其他绩效指标没有直接影响，并且进一步指出可以采取扁平化的组织结构、群体决策以及有效沟通等方式来消除项目组织中的层级因素，从而提高项目的响应能力和灵活性。Aronson and Lechler(2009)基于美国的不同行业项目组织的实证研究发现，建设性文化特质对项目成功会产生直接的积极影响，而防御性文化特质通过项目成员的良性组织行为对项目成功产生间接的消极影响，原因在于建设性文化特质推崇项目成员的非传统思维，鼓励项目成员识别所有与项目有关的问题并且实施可行的解决方案，从而提高项目绩效。朱振涛(2012)基于国内大型工程项目文化的实证研究发现，工程文化会对项目的绩效产生积极的影响，并且在不同的项目特征下工程文化存在显著差异。

Yazici(2009,2011)基于美国的不同行业项目型组织的实证研究发现，不同类型项目组织文化对项目绩效和组织绩效的影响作用存在差异，具体表现在四个方面：(1)团队文化是唯一能够对项目绩效和组织绩效都产生积极影响的项目组织文化。以高度凝聚力和共同决策为特征的团队文化会对项目进度、预算、团队满意度等绩效指标产生显著的影响。(2)市场文化能够提升项目型组织的内外部经营绩效。以积极进取为特征的市场文化不会对经营绩效产生直接影响，而是与项目管理成熟度共同影响组织的经营绩效。(3)灵活文化对项目绩效和组织经营绩效均没有影响。(4)与灵活文化和层级文化相比，团队文化和市场文化可以实现更高的项目绩效与组织绩效。

综合上述的研究成果和深度访谈结果分析，大多数学者和深度访谈受访者认为项目组织文化能够对项目绩效产生积极的影响，但是不同特征类型的项目组织文化对项目绩效的影响存在差异。因此，本节提出如下假设。

H_1：建设项目组织文化对项目绩效有正向影响。

H_{1-1}：团队协作型文化对项目绩效有正向影响。

H_{1-2}：灵活创新型文化对项目绩效有正向影响。

H_{1-3}：市场导向型文化对项目绩效有正向影响。

H_{1-4}:层级控制型文化对项目绩效有正向影响。

二、建设项目组织文化与项目良性组织行为的假设

自从良性组织行为(GOB)的概念被引入管理学研究领域以来,国内外学者从理论和实证研究视角指出,组织文化对良性组织行为具有积极的影响,但是良性组织行为在不同的组织文化特质下存在显著差异(Goodman and Svyantek,1999;Podsakoff et al.,2000;傅永刚和许维维,2005)。目前项目情境下组织文化对良性组织行为的研究仍十分匮乏。在企业等永久性组织中,良好的组织文化会鼓励组织成员表现出更多的良性组织行为,良性组织行为也会进一步促进组织文化的发展,两者之间会形成良性的交互影响作用。而在项目等临时性组织中,由于项目参与方分别来自不同的组织,在项目实施过程中会不断变动,因此,项目成员表现出的良性组织行为更多会受到项目组织文化的影响。

Zhang and Liu(2006)基于中国的建筑企业组织文化的实证研究认为,组织文化会影响组织成员的行为选择,主要通过规范组织成员的行为维持组织的共同价值观,并且构建了组织文化通过引导组织成员的行为来影响建筑企业绩效的模型。Ferreira et al.(2013)通过对德国和葡萄牙的不同行业项目组织的实证研究发现,葡萄牙情境下项目良性组织行为对项目绩效的影响会比德国情境下更大,出现这种现象的原因可能在于诸如服从项目规定等行为在德国被大多数项目成员认为是"角色内"行为,研究结果也证实项目良性组织行为会受到文化因素的影响。Aronson and Lechler(2009)基于美国的新产品开发、IT项目和工程项目的实证研究认为,项目组织文化能够影响项目成员的良性组织行为,其中防御性特质的文化会对项目良性组织行为产生消极的影响,而建设性特质的文化能够对项目良性组织行为产生积极的影响,具体表现在三个方面:(1)由于项目实施环境具有动态变化性,建设性特质的文化支持项目成员积极解决各种问题或冲突,从而促进项目成员的诸如不抱怨工作环境等运动家精神行为;(2)在建设性特质的文化下,项目成员普遍具有合作的意识,因而更有可能表现出帮助其他成员解决项目问题等助人行为;(3)在建设性特质的文化下,

项目组织强调参与方的独创性想法,从而鼓励项目成员的诸如提出建设性意见等公民道德行为。

综合上述的研究成果,并结合深度访谈结果分析,大多数学者和深度访谈受访者认为项目组织文化会对项目良性组织行为产生积极的影响,但是在对项目良性组织行为的影响程度上存在差异。因此,本节提出如下假设。

H$_2$:建设项目组织文化对项目良性组织行为有正向影响。

H$_{2-1}$:建设项目组织文化对项目忠诚有正向影响。

H$_{2-2}$:建设项目组织文化对利他行为有正向影响。

H$_{2-3}$:建设项目组织文化对项目服从有正向影响。

H$_{2-4}$:建设项目组织文化对人际和谐有正向影响。

H$_{2-5}$:建设项目组织文化对积极主动有正向影响。

H$_3$:团队协作型文化对项目良性组织行为有正向影响。

H$_4$:灵活创新型文化对项目良性组织行为有正向影响。

H$_5$:市场导向型文化对项目良性组织行为有正向影响。

H$_6$:层级控制型文化对项目良性组织行为有正向影响。

三、项目良性组织行为与项目绩效的假设

以企业等永久性组织为研究对象的良性组织行为对组织绩效的影响已经得到了理论和实证研究的支持。Podsakoff et al.(2000)认为,良性组织行为能够对组织绩效产生积极的影响,原因在于良性组织行为可以增强管理生产力、提高员工效率、释放组织资源、改善成员之间的协调以及提高组织适应环境变化的能力。Nielsen et al.(2009)通过对相关文献的元分析发现,团队层面的良性组织行为整体上会对组织绩效产生显著的积极影响,其中利他行为对组织绩效的影响最大。自从 Braun et al.(2012)首先提出项目良性组织行为(PGOB)的概念以来,一些学者围绕项目良性组织行为对项目绩效或项目效能的影响开展了初步研究。由于良性组织行为存在情境依赖性,因此基于任务的项目良性组织行为的表现会明显区别于基于传统结构的良性组织行为,而项目良性组织行为可以通过主动的工作协调、提出改进的建议、增强团队凝聚力、提升适应环境的能力等手段提高项目效能,并且

两者之间存在积极的影响关系(Braun et al.,2013)。

Yen et al.(2008)基于信息系统项目的实证研究发现,项目良性组织行为的三个维度既可以通过整合的项目氛围和有效的项目管理来实现项目成功,也可以直接影响项目成功。Qiu et al.(2009)认为,项目团队成员对项目和团队表现出更高水平的良性组织行为将有利于任务的完成。Ferreira et al.(2013)通过对德国和葡萄牙的不同行业项目组织的实证研究发现,项目良性组织行为对项目目标实现能够产生积极的影响,并且在葡萄牙情境下的项目良性组织行为对项目目标实现会产生更大的影响。Aronson and Lechler(2009)认为,面对复杂动态的项目环境,项目团队成员需要进一步表现出诸如自愿帮助其他成员完成额外的任务、自觉遵守项目规定等项目良性组织行为,并且基于美国的不同行业项目组织实证研究发现,项目良性组织行为对项目成功产生直接的积极影响,具体影响表现在三个方面:(1)项目参与方的帮助行为,有利于项目团队共同解决问题并且完成任务,而不会总是向项目经理寻求帮助;(2)项目参与方的运动家精神,可以减少项目团队之间彼此抱怨或挑剔,并会在保证项目顺利实施的过程中投入更多的时间;(3)项目参与方的公民道德,诸如主动共享信息、提出建设性意见等行为,能够确保项目满足所有的技术规范和客户需求。Braun et al.(2013)基于 IT 开发、影视制作、建设项目等项目组织的研究提出,项目良性组织行为不仅整体上会对项目效能产生积极的影响,而且项目良性组织行为的不同维度对项目效能各个指标的影响作用存在差异,具体影响作用体现在四个方面:(1)项目良性组织行为对项目质量产生显著的正向影响,其中项目服从、帮助行为和关系维护会对项目质量产生积极的影响;(2)项目良性组织行为对项目预算产生显著的正向影响,不过只有关系维护会对项目预算产生积极的影响;(3)项目良性组织行为对项目进度的正向影响并不显著,其中仅有项目忠诚和项目服从会对项目进度产生较小的正向影响;(4)项目良性组织行为对总体项目成功产生显著的正向影响,其中项目忠诚、项目服从和帮助行为会对总体项目成功产生积极的影响。

综合上述的研究成果以及深度访谈结果分析,大多数学者和深度访谈受访者认为项目良性组织行为会对项目绩效产生积极的影响,不过在项目良性组织行为的不同维度对项目绩效的影响程度上存在差异。因此,本节提出如下假设。

H$_7$:项目良性组织行为对项目绩效有正向影响。

H$_{7-1}$:项目忠诚对项目绩效有正向影响。

H$_{7-2}$:利他行为对项目绩效有正向影响。

H$_{7-3}$:项目服从对项目绩效有正向影响。

H$_{7-4}$:人际和谐对项目绩效有正向影响。

H$_{7-5}$:积极主动对项目绩效有正向影响。

四、中介变量的假设

目前学术界有关企业等永久性组织的文化对组织绩效影响的中介变量研究取得了相当多的成果,部分学者的研究验证了组织成员的态度和行为因素在组织文化对组织绩效的影响关系中起到中介作用。Schneider et al. (2002)认为,组织文化可以影响组织氛围,进而影响员工的工作态度以及行为,并最终影响组织绩效。Parker et al.(2003)认为,组织文化对组织绩效的影响受到员工工作满意感、组织承诺和工作投入的中介作用。张德和王玉芹(2007)认为,组织文化对组织绩效的影响是一个复杂的过程,它首先影响组织成员的行为,再通过组织成员的行为来影响组织绩效。相比而言,针对项目等临时性组织的文化对项目绩效影响的中介变量研究成果相当匮乏。Aronson and Lechler(2009)通过对美国的新产品开发、IT项目和工程项目的实证研究发现,项目良性组织行为在防御性特质项目组织文化对项目成功的影响中起完全中介作用,而在建设性特质项目组织文化与项目成功的影响关系中起到部分中介作用。根据 Aronson and Lechler(2009)的研究结论,两种特质项目组织文化首先影响项目成员的良性组织行为,再通过项目良性组织行为来影响项目成功,并且项目良性组织行为在两者之间的影响关系中,既可以起到完全中介作用,也可以起到部分中介作用。

综合相关的研究成果,并结合深度访谈结果分析,建设项目组织文化既可以直接对项目绩效产生显著的正向影响,也可以通过项目成员的良性组织行为间接影响项目绩效。同时,有 2 位受访者也提出,建设项目组织文化与项目良性组织行为之间存在相互影响作用,本书将在后续的实证分析中加以检验。因此,本节提出如下假设。

H_8:项目良性组织行为在建设项目组织文化对项目绩效的影响中起中介作用。

五、调节变量的假设

从国内外相关文献来看,相比于组织文化对组织绩效影响的中介变量研究,关于两者之间关系的调节变量研究仍未引起足够重视,仅有少数学者引入了组织规模、环境不确定性等调节变量作为研究对象(张旸等,2006;李海和张勉,2012)。项目等临时性组织的文化对项目绩效影响的调节变量研究成果更是少见。项目规模等环境因素被认为是影响项目成功的重要因素(Ives,2005;Hyvari,2006;Bani et al.,2008)。建设项目所处的环境特征是项目参与方之间不可避免的利益冲突的关系、项目实施碎片化的过程以及项目任务的复杂性(Cicmil and Marshall,2005)。Yang et al.(2011)基于 IT 项目的实证研究认为,项目复杂性在团队协作和项目成功的关系中具有调节效应,高、中度复杂的项目在团队协作与项目成功的关系中起正向调节作用。朱振涛(2012)基于国内工程项目文化的实证研究发现,项目规模、工程复杂性等项目特征因素与工程文化的相应维度相关。

综合上述的研究成果,并结合深度访谈结果分析,大多数学者和深度访谈受访者认为,相比于一般的工程项目,大型复杂工程项目的组织文化对项目绩效的影响更大。因此,本节提出如下假设。

H_9:项目规模在建设项目组织文化对项目绩效的影响中起正向调节作用。

H_{10}:项目复杂性在建设项目组织文化对项目绩效的影响中起正向调节作用。

第四节　理论模型与假设汇总

一、理论模型构建

综合上述的文献研究、深度访谈结果分析和相关研究假设的理论基础,本书提出建设项目组织文化、项目良性组织行为与项目绩效影响关系的理论模型,具体理论模型如图 3.1 所示。

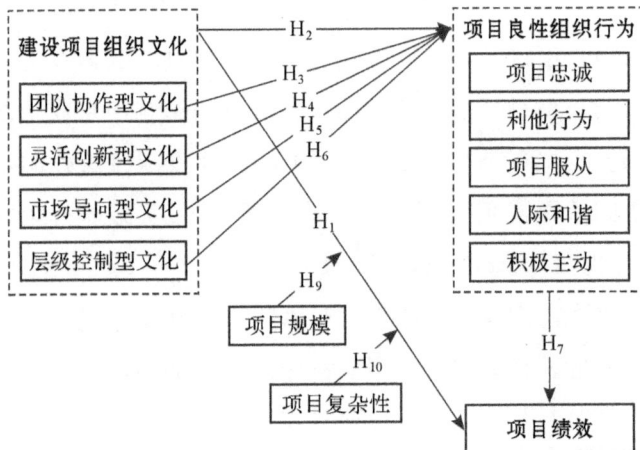

图 3.1　建设项目组织文化对项目良性组织行为及项目绩效影响的理论模型

二、研究假设汇总

如前所述,建设项目组织文化、项目良性组织行为等研究变量包括多个维度。为了详细分析相关变量之间的影响关系,本书将相关假设进行细分,具体细化的研究假设汇总如表 3.6 所示。

表 3.6　本书的研究假设

假设编号	假设描述	假设性质
H_1	建设项目组织文化对项目绩效有正向影响	验证性假设
H_{1-1}	团队协作型文化对项目绩效有正向影响	验证性假设
H_{1-2}	灵活创新型文化对项目绩效有正向影响	验证性假设
H_{1-3}	市场导向型文化对项目绩效有正向影响	验证性假设
H_{1-4}	层级控制型文化对项目绩效有正向影响	验证性假设
H_2	建设项目组织文化对项目良性组织行为有正向影响	开拓性假设
H_{2-1}	建设项目组织文化对项目忠诚有正向影响	开拓性假设
H_{2-2}	建设项目组织文化对利他行为有正向影响	开拓性假设
H_{2-3}	建设项目组织文化对项目服从有正向影响	开拓性假设
H_{2-4}	建设项目组织文化对人际和谐有正向影响	开拓性假设
H_{2-5}	建设项目组织文化对积极主动有正向影响	开拓性假设
H_3	团队协作型文化对项目良性组织行为有正向影响	开拓性假设
H_{3-1}	团队协作型文化对项目忠诚有正向影响	开拓性假设
H_{3-2}	团队协作型文化对利他行为有正向影响	开拓性假设
H_{3-3}	团队协作型文化对项目服从有正向影响	开拓性假设
H_{3-4}	团队协作型文化对人际和谐有正向影响	开拓性假设
H_{3-5}	团队协作型文化对积极主动有正向影响	开拓性假设
H_4	灵活创新型文化对项目良性组织行为有正向影响	开拓性假设
H_{4-1}	灵活创新型文化对项目忠诚有正向影响	开拓性假设
H_{4-2}	灵活创新型文化对利他行为有正向影响	开拓性假设
H_{4-3}	灵活创新型文化对项目服从有正向影响	开拓性假设
H_{4-4}	灵活创新型文化对人际和谐有正向影响	开拓性假设
H_{4-5}	灵活创新型文化对积极主动有正向影响	开拓性假设
H_5	市场导向型文化对项目良性组织行为有正向影响	开拓性假设
H_{5-1}	市场导向型文化对项目忠诚有正向影响	开拓性假设
H_{5-2}	市场导向型文化对利他行为有正向影响	开拓性假设

续表

假设编号	假设描述	假设性质
H_{5-3}	市场导向型文化对项目服从有正向影响	开拓性假设
H_{5-4}	市场导向型文化对人际和谐有正向影响	开拓性假设
H_{5-5}	市场导向型文化对积极主动有正向影响	开拓性假设
H_6	层级控制型文化对项目良性组织行为有正向影响	开拓性假设
H_{6-1}	层级控制型文化对项目忠诚有正向影响	开拓性假设
H_{6-2}	层级控制型文化对利他行为有正向影响	开拓性假设
H_{6-3}	层级控制型文化对项目服从有正向影响	开拓性假设
H_{6-4}	层级控制型文化对人际和谐有正向影响	开拓性假设
H_{6-5}	层级控制型文化对积极主动有正向影响	开拓性假设
H_7	项目良性组织行为对项目绩效有正向影响	验证性假设
H_{7-1}	项目忠诚会对项目绩效有正向影响	验证性假设
H_{7-2}	利他行为会对项目绩效有正向影响	验证性假设
H_{7-3}	项目服从会对项目绩效有正向影响	验证性假设
H_{7-4}	人际和谐会对项目绩效有正向影响	验证性假设
H_{7-5}	积极主动会对项目绩效有正向影响	验证性假设
H_8	项目良性组织行为在建设项目组织文化对项目绩效的影响中起中介作用	开拓性假设
H_9	项目规模在建设项目组织文化对项目绩效的影响中起正向调节作用	开拓性假设
H_{10}	项目复杂性在建设项目组织文化对项目绩效的影响中起正向调节作用	开拓性假设

根据分析目的不同,本书的研究假设分为验证性假设和开拓性假设两类:(1)H_1 及其包含的假设为验证性假设。根据既有文献分析,已经有学者采用 OCAI 量表来检验四种类型的项目组织文化对项目绩效的影响,但是目前基于国内建设项目情境的研究成果仍较少。(2)H_2、H_3、H_4、H_5 和 H_6 及其包含的假设为开拓性假设。从既有研究文献来看,虽然有学者关注项目组织文化对项目良性组织行为的影响,但是目前不同类型的项目组织文化对项目良性组织行为各个维度影响的实证研究仍较匮乏,尤其是基于国

内建设项目情境的研究成果。(3)H_7 及其包含的假设为验证性假设。从相关文献来看,已有少数学者针对项目等临时性组织中良性组织行为对项目绩效的影响开展研究,但是目前基于国内建设项目的良性组织行为的不同维度对项目绩效影响的实证研究成果很少。(4)H_8 为开拓性假设。从既有文献来看,少数学者将项目良性组织行为作为中介变量来分析项目组织文化对项目绩效的影响,但是基于国内建设项目情境的研究成果尚未发现。(5)H_9 和 H_{10} 为开拓性假设。从相关文献来看,少数学者将项目规模或项目复杂性作为调节变量来分析建设项目组织文化对项目绩效的影响,但是基于中国建设项目情境的研究成果尚未发现。

第四章　研究设计与小样本测试

第一节　问卷设计

一、问卷设计的原则

问卷调查法是组织与管理学领域定量研究中最为普及的方法,具有成本低、费时少、对受访者干扰小的优点,尤其是电子邮件问卷或线上答卷使得问卷调查法更为便捷有效。考虑到研究所需数据是项目团队成员对建设项目组织文化、项目良性组织行为和项目绩效的主观态度与看法,这些数据都无法从公开的文献统计资料中获取,因此,本书采用问卷调查法来获取实证数据。

问卷设计总的原则是尽可能简明,便于受访者回答和有吸引力(李怀祖,2004)。结合相关学者对问卷设计原则的观点,问卷设计主要遵循以下五个基本原则:(1)目的性原则,即以研究主题为中心,避免可有可无的问题;(2)可接受性原则,即问卷用词平和中立,易于为受访者所接纳而配合调查;(3)简约性原则,即问卷中只应包括与研究主题有直接关系的问题,忌讳冗长的问卷;(4)准确性原则,即问题应便于受访者进行明确的回答,避免使用有双重含义的词句和问题;(5)非诱导性原则,即问题不应具有提示或主观臆断,避免将自身的价值取向带入问题以求得受访者的回应。本书遵循以上原则,尽量设计封闭性问题以便于受访者回答,力求语言表达简练、明确,并且问卷篇幅控制在受访者正常情况下20分钟内能够完成。

二、问卷形式的选择

在问卷形式上,通常采用总加量表、利克特量表、语义差异量表等类型(李怀祖,2004)。利克特量表是社会调查和心理测验等领域中最常使用的一种态度量表形式,采用等距法尺度,一般分为三点式、五点式、七点式和九点式(风笑天,2014)。这种量表是由一组与主题相关的问题或陈述组成,用来表明受访者对某一事物的态度、看法、评价或意向。吴明隆

(2003)认为，选项超过五点的量表会导致一般人无法有足够的辨识力来区分。目前大多数实证研究通常采用五点式量表，即对量表中的每一题目均给出表示程度等级的五种备选答案，并用1—5五种计分。鉴于问卷设计的一个重要原则是准确而简约，用少于3个题项来测量一个变量是很困难的，因此，本书的建设项目组织文化、项目良性组织行为和项目绩效的测量量表均采用利克特五点式量表，每个变量用不少于3个题项来测量，各个题项用1—5来表示受访者对于该题项的认同程度（如：1代表"完全不同意"，5代表"完全同意"）。

三、问卷设计的过程

基于相关学者的问卷设计过程的建议（Malhotra and Grover，1998；陈晓萍等，2008），本书的问卷设计过程分为如下五个步骤：(1)根据文献梳理情况，查找与测量变量相关的成熟量表，并且根据本书的研究主题以及既有量表的信度与效度，进行测量量表的筛选。(2)对筛选后的量表进行文化对等翻译和分类比较，选择具有较高信度和效度的测量题项，确定初步的问卷。由于初步问卷中部分采用了英文量表，为了避免翻译引起的失真，本书的英文量表先由本专业具有留学背景的博士研究生进行翻译，再采用被学术界广泛接受的回译方法来保证翻译的准确性（Brislin，1980）。(3)通过与行业内专业人士的访谈，进一步修订问卷初稿。通过与在建设项目的业主方、承包商、监理/咨询单位、设计单位任职的专业人士的深度访谈，综合相关反馈意见，对量表题项进行了完善和修订。(4)通过与学术界专家访谈，进一步修订问卷内容。本书深度访谈的三位大学教授具有丰富的专业理论研究经验，并且都参与了诸如上海世博会等大型复杂工程项目的实践，问卷初稿的题项设计、关键用词等方面在与其进行了深入讨论后完成修订。(5)进行问卷预测试，并根据测试结果修正问卷题项，形成大样本调查的正式问卷。通过选择在上海、江苏、湖南、广西等地的五个工程项目进行问卷预测试，并且根据预测试结果修正了问卷，最终形成了用于大样本调查的问卷。

四、问卷的内容设计

围绕建设项目组织文化对项目良性组织行为及项目绩效影响的研究主题设计问卷内容,调查问卷分为四个部分,包括卷首语、基本信息、主要内容和结束语。

第一部分是卷首语,主要介绍自我身份以及问卷调研的主旨,进一步说明问卷填写的要点并承诺保密受访者信息,预留调研人员的个人联系方式,表达对受访者的感谢。

第二部分是受访者的基本信息及项目组织的特征,其中受访者基本信息包括受访者的性别、年龄、学历、工作年限等,项目组织的特征包括项目规模(投资额)、项目的设计/管理复杂性等。

第三部分是问卷的主要内容,包括受访者对建设项目组织文化、项目良性组织行为、项目绩效等相关内容的评价。

第四部分是结束语,包括提示受访者不要漏选题项,并对受访者再次表示感谢。

第二节　数据分析方法

数据分析是从实际观测数据中发现变量特征、变化规律以及变量之间关联的过程,统计技术是管理研究中被普遍采用的数据分析方法(李怀祖,2004)。本书采用统计分析相关软件,对问卷调查回收的数据进行分析,主要的分析方法包括描述性统计分析、探索性因子分析、信度分析、效度分析、结构方程模型(SEM)等。

一、描述性统计分析

描述性统计是采用图表或数学方法来概括和解释样本数据的整体状况或变量之间关系的统计方法(李怀祖,2004)。本书主要采用频数、均值、标准差、偏度和峰度进行样本数据的描述性统计分析。从性别、年龄、学历、工作年限和项目中的职位的角度分析受访者个体特征，并从项目规模（投资额）、项目的设计/管理复杂性、项目成立年限、项目员工人数和项目参与方性质的角度描述项目组织的特征。

鉴于后续理论模型检验的需要，应当首先对样本数据进行正态性检验。本书采用偏度和峰度进行正态性检验。如果样本数据的偏度绝对值小于 3，峰度绝对值小于 10，则认为样本数据基本符合正态分布（黄芳铭，2005）。

二、探索性因子分析

探索性因子分析（exploratory factor analysis，EFA）主要用于对量表的构念效度进行分析和评价，以确认量表的内部结构，使之成为一组数量较少且相关度较高的变量（吴明隆，2010a）。当对量表的内部结构缺乏清楚的理论预期时，研究者会将全部测量指标一起进行因子分析，再由得到的因子负荷值进行构念效度好坏的判断（陈晓萍等，2008）。本书在初试量表形成和小样本测试过程中，采用探索性因子分析，以识别量表的内部结构，剔除与测量内容无关或者不符合预期的指标，从而形成最终用于大样本测量的量表。

在进行探索性因子分析之前，需要进行量表中各变量之间的相关性分析，而 KMO（Kaiser-Mayer-Olykin）检验和 Bartlett 球形检验是判断数据探索性因子分析适合性的常用方法。当 Bartlett 球形检验的统计值达到显著性水平（$p < 0.05$）时，可以进行探索性因子分析。马庆国（2002）认为，KMO 值大于 0.5 即可进行探索性因子分析，大于 0.9 时非常适合进行探索性因子分析。具体的 KMO 值的判断标准如表 4.1 所示。

表 4.1　KMO 值的判断标准

KMO 值	判断标准
0.9 及以上	非常适合进行探索性因子分析
0.8 及以上，0.9 以下	适合进行探索性因子分析
0.7 及以上，0.8 以下	尚可以进行探索性因子分析

续表

KMO 值	判断标准
0.6 及以上,0.7 以下	勉强可以进行探索性因子分析
0.5 及以上,0.6 以下	不适合进行探索性因子分析
0.5 以下	非常不适合进行探索性因子分析

资料来源:吴明隆(2010b)、马庆国(2002)。

在采用 KMO 检验和 Bartlett 球形检验评价测量数据适合探索性因子分析后,本书主要采用主成分分析法和最大方差法旋转主轴,获得量表的主要因子结构,同时选取特征值大于 1 的因子作为共同因子。根据大多数学者的观点,本书以量表项目旋转后的因子负荷量大于 0.5 为取舍标准,并且该项目不存在交叉载荷。

三、信度分析

信度(reliability)分析用来评估量表所测得结果的稳定性及一致性,估计测量误差对整体量表的影响(陈晓萍等,2008)。信度分析主要有以下四种方法。

(一)复本信度

复本信度是面向同一组被访者,将可能互相替代的测量手段设计成尽量相同的形式,测量这些不同测量手段的相关性(Zikmund,2003)。由于实施起来比较困难,所以并不常用。

(二)重测信度

重测信度是指使用同一个量表,在两个不同的时间点对同一组被访者进行测量。两次测量结果的相关性越高,则该量表的信度就越高,但是重测信度经常会受到两个因素的干扰:(1)受访者也许记得特定的问题,就回答和第一次测量时相同的答案,因而产生高估的信度系数;(2)测量的变量在测量间隔期内发生了变化,因而降低了信度系数的估计值(陈晓萍等,2008)。

(三)项目总相关系数

项目总相关系数用于测量同一构念的不同项目之间测量结果的一致性,可用于决定项目是否可靠,以及整个构念测量是否可靠。一般采用修正的项目总相关系数(corrected item-total correlation,CITC)进行信度评价。具体到量表项目而言,当 CITC 小于 0.5 时,就可以考虑删除该项目(卢纹岱,2002)。

(四)内部一致性信度

内部一致性信度是管理学研究中常用的信度,主要用来评估量表内部指标之间的同质性(罗胜强和姜嬿,2014)。最常用的内部一致性评价指标是针对利克特量表开发的 Cronbach's α 系数(Cronbach,1951)。在探索性因子分析中,通常情况下 Cronbach's α 系数在 0.6 以上,被认为可信度较高。但是内部一致性系数并不是越高越好。通常情况下,当一个测量量表的内部一致性系数超出一定水平时,它不但不会有利于提高构念效度,反而会降低测量量表的内容效度(Clark and Watson,1995)。因此,在采用 Cronbach's α 系数进行测量量表净化时,研究者应该注意平衡内部一致性和内部完整性之间的关系。

Fornell and Larcker(1981)提出了组合信度(composite reliability,CR),用于验证性因子分析时评价潜在变量的观察变量间内部一致性程度,该信度指标也属于内部一致性指标。Hair et al.(2006)认为,CR 值在 0.7 以上表明构念具有良好的组合信度。Bagozzi and Yi(1988)认为,CR 值在 0.6 以上表示潜在变量的组合信度良好。CR 的计算公式为:

$$CR = \frac{(\sum 标准化因子负荷量)^2}{(\sum 标准化因子负荷量)^2 + \sum 测量误差方差}。$$

本书采用 Cronbach's α 系数用于信度分析,并结合 CITC 用于测量量表的修改和完善。

四、效度分析

效度(validity)是指测量量表能够准确测量出所需测量的潜在构念的程

度(陈晓萍等,2008)。效度通常分为以下三种类型。

（一）内容效度

内容效度是指测量项目反映或代表研究者所要测量构念的程度(Haynes et al.,1995)。测量量表的内容效度通常采用文献分析和专家判断的方法来进行定性评价。本书的研究量表的内容效度是通过既有文献分析和深度访谈的方法进行量表修订来实现的。

（二）效标效度

效标效度是指测量量表与外在效标间关系的程度,测量量表与外在效标间的相关性愈高,效标效度愈高。在实证研究中,效标效度的应用受到一定的限制,主要原因在于很难选择一个合适的效标。

（三）构念效度

构念效度是指测量量表能够测量到理论上的构念或特质的程度,由聚合效度和区分效度组成(Anastiasi,1988;陈晓萍等,2008)。

聚合效度是指在通过不同方式测量同一构念时,所观测到的数值之间应该具有较高的相关性。通常采用 Fornell and Larcker(1981)提出的方法,即计算各潜在变量的平均方差抽取量(average variance extracted,AVE)。如果 AVE 值达到 0.5 以上,则认为量表具有较好的聚合效度。AVE 的计算公式为：

$$AVE = \frac{\sum 标准化因子负荷量^2}{\sum 标准化因子负荷量^2 + \sum 测量误差方差}。$$

区分效度用于观测不同的潜在变量是否存在显著差异,关注的是用同一方法测量不同潜在变量所得结果之间的关联性。区分效度可以通过计算各潜在变量之间的相关系数是否显著小于 1 来判断(陈晓萍等,2008)。Espinoza(1999)认为 AVE 值也可以用来检验区分效度,当各变量的 AVE 值均大于各变量间的共享方差时,则认为量表具有较好的区分效度。

五、结构方程模型

结构方程模型(SEM)是一种多变量数据分析的方法。通过整合因子分析和路径分析的统计方法,结构方程模型可以同时检验模型中的显变量、潜变量以及误差变量之间的相互关系,从而得到自变量对因变量影响的直接效果、间接效果或总效果。完整的 SEM 由测量模型和结构模型两个部分组成。测量模型是检验测量变量可以构成潜在变量的程度,而结构模型则是描述潜在变量之间的因果关系(Byrne,2001)。测量模型在 SEM 中就是验证性因子分析(confirmatory factor analysis,CFA)。与探索性因子分析相比,验证性因子分析模型比较复杂,偏重检验假定的观察变量与潜在变量间的关系(Everitt and Dunn,2001)。

与传统的统计分析方法相比,SEM 主要有以下五个优点(邱皓政,2005):(1)具有理论先验性。SEM 的一个特性是其假设因果模型必须建立在一定的理论基础上,因而 SEM 是一种用以验证某一理论模型或假设模型适合与否的统计技术。(2)可以同时处理测量与分析问题。传统的多元回归分析方法要求因变量和自变量都可测,而 SEM 可以同时估计模型中的测量指标和潜在变量,不仅可以估计测量过程中指标变量的测量误差,也可以评估测量的信度与效度。(3)包含不同的统计技术。SEM 是结合因子分析与路径分析的统计技术,主要用于检验显变量与潜变量之间的假设关系。(4)适用于大样本统计分析。有别于其他的统计分析方法,SEM 更适用于进行大样本数据分析,但是 SEM 适配度检验时,绝对适配度指标受样本数量的影响很大,因此,研究者需要在样本数与整体模型适配度上取得平衡。Schumacker and Lomax(1996)发现,大多数结构方程模型研究所选取的样本数介于 200 至 500 之间。(5)重视多种统计指标的运用。由于 SEM 分析关注整体模型的拟合程度,研究者必须参考多种统计指标,才能对模型的拟合度做出整体的判别。Breckler(1990)认为,采用拟合度高的模型进行假设验证时,必须至少有一个拟合指标必须满足要求。

Marsh et al.(2005)将拟合指数分成三类:(1)绝对拟合指数,包括卡方自由度比(χ^2/df)、适配度指数(goodness-of-fit index,GFI)、渐进残差均方和平方根(root mean square error of approximation,RMSEA)等;(2)相对拟合指数,包括规范适配指数(normed fit index,NFI)、非规范适配指数(Tacker-Lewis index,TLI)、比较适配指数(comparative fit index,CFI)等;

(3)简约拟合指数,包括简约规范适配指数(parsimony-adjusted normed fit index,PNFI)、简约适配度指数(parsimony goodness-of-fit index,PGFI)等。在绝对拟合指数中,χ^2 在模型拟合方面有非常重要的作用,但是 N 比较大时,检验被认为不好(温忠麟等,2004)。因此,大多数学者建议采用 χ^2/df,一般认为比值小于 3 较好。温忠麟等(2004)认为,RMSEA 是比较理想的拟合指数,其值低于 0.08 表示模型拟合良好。由于不受 N 影响,并且对模型复杂性做了校正,TLI 是一个常用的拟合指数,大多数研究者是以 0.9 为临界值(温涵和梁韵斯,2015)。与 TLI 一样,CFI 也是常用的拟合指数,其传统临界值也是 0.9(温忠麟等,2004)。综合上述观点,本书采用的模型拟合指数主要包括 χ^2/df、RMSEA、GFI、NFI、TLI 和 CFI,相关拟合指数的取值范围和判断标准如表 4.2 所示。

表 4.2　拟合指数取值范围和判断标准

指数类型	拟合指数	取值范围	判断标准
绝对拟合指数	χ^2/df	大于 0	小于 5,小于 3 更好
	GFI	0—1	大于 0.9,大于 0.85 也可接受
	RMSEA	大于 0	小于 0.08,小于 0.05 更好
相对拟合指数	NFI	0—1	大于 0.9,大于 0.85 也可接受
	TLI	0—1	大于 0.9,大于 0.85 也可接受
	CFI	0—1	大于 0.9,大于 0.85 也可接受

资料来源:温忠麟等(2004)、温涵和梁韵斯(2015)。

第三节　项目良性组织行为的维度及测量

目前国内外已经有成熟的良性组织行为量表,但是相关量表不能完全反映中国建设项目情境,因此受访者在问卷填写过程中可能无所适从而造成偏差。虽然扎根理论也是质性研究的代表性方法,但是其主要目的在于理论建构,是一种从下往上建立实质理论的方法(Glaser and Strauss,1968)。Podsakoff et al.(2014)基于相关文献研究发现,对良性组织行为的情境化研究主要采用演绎与归纳相结合的方法，较少采用扎根理论方法。鉴于本书对项目良性组织行为的维度及测量的研究属于情境化研究范畴，不能脱离已有的理论假设，因此本书采用演绎与归纳相结合的方法用于项目良性组织行为的量表设计。

一、量表设计的过程

项目良性组织行为应当具有以下三个方面的特征：(1)项目良性组织行为是建设项目中的不同参与方团队成员表现出的"角色外"行为，具有良性组织行为的特征；(2)建设项目是一种特定的临时性组织，因此其应当包含基于临时性组织的良性组织行为的特征；(3)项目良性组织行为是基于中国情境的良性组织行为，因此其应当有中国文化背景下良性组织行为的特征。

为了提取项目良性组织行为的特征维度，本书采用文献梳理和深度访谈相结合的方法。具体的量表设计过程如下：首先，采用演绎的方法研究既有文献中的良性组织行为和项目良性组织行为的特征维度；然后，对行业内专业人士和从事工程管理的大学教授进行深度访谈，并结合整理后的良性组织行为和项目良性组织行为的特征维度，形成中国情境下项目良性组织行为的特征维度；最后，采用归纳的方法进行数据的收集和分析，通过小样本测试净化题项，并采用大样本测试确定最终的项目良性组织行为量表。

二、量表题项的提取

基于既有文献中的相关量表，良性组织行为和项目良性组织行为存在不同维度与多种表现形式。本书回译整理相关量表并且结合前述深度访谈的结果，总共提取出11个维度和61个题项。首先，在深度访谈时对于项目良性组织行为的学术概念进行界定阐述，保证受访者能够无偏地理解相应的学术问题并且做出较为客观真实的回答。然后，结合对文献中相关量表题项的存在性判断与受访者实践经验，逐步明确中国情境下的项目良性组织行为。最后，在不改变题项原意的前提下，对相关题项的表述基于建设项目的特点进行调整,并且对所有的题项进行编码归类,具体的相关题项汇总编码如表 4.3 所示。

表 4.3 项目良性组织行为相关题项汇总编码

原始维度	题项描述(编码)	文献来源
利他行为(a)	主动帮助其他参与方解决工作中的问题(a_1)	Podsakoff et al.(1997);Farh et al.(2004);Aronson and Lechler(2009);Braun et al.(2013);Ferreira et al.(2013)
	当其他参与方工作任务过重时,主动协助完成任务(a_2)	Farh et al.(1997);Farh et al.(2004);Chen et al.(2005);Anvuur and Kumaraswamy(2012)
	主动与其他参与方协调沟通,避免造成工作麻烦(a_3)	Podsakoff et al.(1997);Farh et al.(2004);Aronson and Lechler(2009)
	主动给其他参与方提供无偿的工作便利(a_4)	Braun et al.(2013);Ferreira et al.(2013)
	当其他参与方工作落后时,愿意提供协助(a_5)	Podsakoff et al.(1997);Aronson and Lechler(2009)
	当其他参与方在项目实施阶段缺乏经验时,愿意帮助其完成任务(a_6)	Podsakoff et al.(1997);Aronson and Lechler(2009)
	当其他参与方之间发生争执时,愿意尝试调解(a_7)	Aronson and Lechler(2009);Braun et al.(2013);Ferreira et al.(2013)
	主动采取措施,避免其他参与方犯错(a_8)	Podsakoff et al.(1997);Aronson and Lechler(2009)
	愿意帮助其他参与方成员适应项目工作环境(a_9)	Farh et al.(1997);Farh et al.(2004);Anvuur and Kumaraswamy(2012)
	对于合同中不能预见的情形,愿意加强沟通和互相支持(a_{10})	Braun et al.(2012)
	主动发出愿意在其他参与方需要时互相帮助的信号(a_{11})	Braun et al.(2012)
	面对工作中涉及其他参与方利益的问题,通过谨慎处理避免推诿扯皮(a_{12})	Braun et al.(2012)

续表

原始维度	题项描述（编码）	文献来源
项目忠诚（b）	主动宣传项目良好形象，以参与项目为荣（b_1）	Van Dyne et al.（1994）；Braun et al.（2013）；Ferreira et al.（2013）；Farh et al.（2004）
	当存在利益冲突时，参与方以项目利益为最高目标（b_2）	Braun et al.（2012）
	主动调用自身的资源，以便实现项目的目标（b_3）	Van Dyne et al.（1994）；Chen et al.（2005）；Braun et al.（2013）；Ferreira et al.（2013）
	向外界介绍项目时进行积极正面的描述（b_4）	Van Dyne et al.（1994）；Braun et al.（2013）；Ferreira et al.（2013）
	参与方愿意分享彼此工作信息，这成为项目中的一种常态（b_5）	Braun et al.（2012）
	参与方的成员形成共识，一起完成项目组织内的工作（b_6）	Braun et al.（2012）
	参与方的成员感受到强烈的项目认同感（b_7）	Braun et al.（2013）；Ferreira et al.（2013）
	为了实现项目的目标，愿意做任何项目需要的事情（b_8）	Braun et al.（2013）；Ferreira et al.（2013）
项目服从（c）	严格按照合同约定完成工作（c_1）	Anvuur and Kumaraswamy（2012）；Braun et al.（2012）；Braun et al.（2013）；Ferreira et al.（2013）
	当没有完成分配的任务时，主动上报并加班赶工（c_2）	Braun et al.（2013）；Ferreira et al.（2013）
	适应项目要求的变化，不断改进工作（c_3）	Braun et al.（2013）；Ferreira et al.（2013）
	服从项目的各项规章指令并严格执行（c_4）	Anvuur and Kumaraswamy（2012）；Braun et al.（2012）；Braun et al.（2013）；Ferreira et al.（2013）
	即使无人监督时，仍然服从项目的规定或流程（c_5）	Van Dyne et al.（1994）；Farh et al.（1997）

续表

原始维度	题项描述（编码）	文献来源
人际和谐（d）	维护项目团结，不在背后批评其他参与方（d_1）	Farh et al.（1997）；Farh et al.（2004）
	与其他参与方保持融洽而良好的关系（d_2）	Farh et al.（2004）；Chen et al.（2005）
	保持和谐友好的氛围，避免不必要的冲突（d_3）	Farh et al.（1997）；Chen et al.（2005）
	不会借助工作获取自身利益（d_4）	Farh et al.（1997）
	不会采用不正当手段寻求自身影响，并破坏项目组织的人际和谐（d_5）	Farh et al.（1997）
关系维护（e）	即使在项目结束后，还与其他参与方员工保持联系（e_1）	Braun et al.（2013）；Ferreira et al.（2013）
	即使目前不在同一子项目，仍会与特定的其他子项目的员工保持联系（e_2）	Braun et al.（2013）；Ferreira et al.（2013）
	选择与之前合作过的参与方员工继续在本项目合作（e_3）	Braun et al.（2013）；Ferreira et al.（2013）
项目认同（f）	愿意介绍项目的好信息，并澄清他人对项目的误解（f_1）	Farh et al.（1997）
	愿意维护项目的声誉（f_2）	Farh et al.（1997）
	为改进项目的实施提出建设性的意见（f_3）	Farh et al.（1997）
	积极参与项目相关会议（f_4）	Farh et al.（1997）
个人主动性（g）	主动对项目面临的问题提出有建设性的改进建议（g_1）	Farh et al.（2004）；Anvuur and Kumaraswamy（2012）；Braun et al.（2013）；Ferreira et al.（2013）
	自发学习和组织培训，提升团队技能水平（g_2）	Farh et al.（1997）；Farh et al.（2004）
	主动开展各种项目技术和管理创新（g_3）	Van Dyne et al.（1994）；Braun et al.（2013）；Ferreira et al.（2013）
	积极参加项目会议和各项团队活动（g_4）	Van Dyne et al.（1994）；Farh et al.（2004）
	当工作有需要时，主动加班完成任务（g_5）	
	主动分享与工作相关的有用信息（g_6）	Farh et al.（2004）；Chou et al.（2013）
	发现和提醒项目领导者可能的改进之处以实现项目目标（g_7）	Braun et al.（2012）；Braun et al.（2013）；Ferreira et al.（2013）
	尽管不在工作职责范围内，仍然会主动了解项目实施的相关信息（g_8）	Van Dyne et al.（1994）；Braun et al.（2013）；Ferreira et al.（2013）

续表

原始维度	题项描述（编码）	文献来源
责任 意识 （h）	认真对待工作，并且很少出差错（h_1）	Farh et al.（1997）；Chou et al.（2013）
	为提升工作质量，努力自我充实（h_2）	Farh et al.（1997）
	从不介意接受新的或困难的任务（h_3）	Farh et al.（1997）
	经常提早上班，并立即处理工作（h_4）	Farh et al.（1997）；Farh et al.（2004）
公民 道德 （i）	自愿承担额外的工作责任（i_1）	Yen et al.（2008）；Chou et al.（2013）
	愿意对项目实施中出现的问题提出建设性意见（i_2）	Podsakoff et al.（1997）；Yen et al.（2008）；Aronson and Lechler（2009）
	积极出席并参加有关项目的会议（i_3）	Podsakoff et al.（1997）；Aronson and Lechler（2009）
	积极参与各项社会公益活动（如献血、植树）（i_4）	Farh et al.（2004）
	主动参加各种社区服务（如照顾老人）（i_5）	Farh et al.（2004）
运动家 精神 （j）	总是关注当前处境下正确做法，而不关注错误做法（j_1）	Podsakoff et al.（1997）；Aronson and Lechler（2009）
	不花费大量时间抱怨琐碎的事情（j_2）	Podsakoff et al.（1997）；Aronson and Lechler（2009）
	不会总是寻找其他参与方员工的工作差错（j_3）	Podsakoff et al.（1997）；Aronson and Lechler（2009）
保护项 目资源 （k）	节约项目的各种资源（如水、电等）（k_1）	Farh et al.（2004）
	保持项目工作环境的整齐清洁（k_2）	Farh et al.（2004）
	不使用项目资源处理个人事务（k_3）	Farh et al.（1997）
	不在项目上班时间处理个人事务（k_4）	Farh et al.（1997）

三、量表题项的筛选

笔者邀请了 2 位具有工程管理领域研究量表开发经验的大学研究者一起对深度访谈受访者新增题项与表 4.2 中文献量表认同的题项进行合并和删减，对符合中国情境的项目良性组织行为进行归纳，而对表述不清晰的再次向受访者澄清确认。所有的题项合并和删减必须经 3 人一致同意。

项目良性组织行为的判断标准：只有既符合定义又在国内项目实践中较普遍存在的良性组织行为表现形式，才能认为是项目良性组织行为。鉴于客观条件导致的受访者人数的限制,三分之二以上的受访者认可更符合项目良性组织行为的普适性(风笑天,2014)。

在深度访谈过程中,笔者发现新增题项"项目参与方为了项目利益主动提高自身要求"与"主动开展各种项目技术和管理创新"意义相近,因此合并后采用"主动提高自身要求,开展各种项目技术和管理创新";新增题项"项目参与方之间通过坦诚沟通解决问题"能够被原题项"主动与其他参与方协调沟通,避免造成工作麻烦"意义涵盖,因此考虑合并保留原题项。

通过对深度访谈中受访者认同结果分析,笔者删减了 a_4、a_9、b_5、b_8、c_5、d_4、e_2、g_5、g_8、h_1、h_3、h_4、i_1、i_4、i_5、j_1、j_2、j_3、k_3、k_4 等 20 个题项,其中运动家精神维度的三个题项被完全剔除,这与 Farh et al.(2004)对中国文化背景下的研究结论相似。

从维度合并的角度,Braun et al.(2013)创建的关系维护维度来自奥根(Organ)提出的公民道德维度,Farh et al.(2004)创建的人际和谐维度来自奥根(Organ)提出的和平维护,因此 d 维度和 e 维度可以合并为"人际和谐"维度。Farh et al.(2004)创建的节约组织资源维度类似于 Van Dyne et al.(1994)提出的组织服从维度,因此将 k 维度合并入 c 维度,为"项目服从"维度。Farh et al.(1997)创建的组织认同维度类似于组织忠诚维度,因此,将 f 维度合并入 b 维度为"项目忠诚"维度。

从题项合并的角度,a_2、a_5 和 a_6 题项意义相近,因此将其合并为"当其他参与方工作任务过重或缺乏经验时,主动协助完成任务";a_8 和 a_{11} 题项意义相近,因此将两者合并为"在发现其他参与方需要时,主动表示愿意提供帮助"。根据 Farh et al.(1997,2004)的研究成果,自我学习题项被分别归入责任意识和个人主动性维度,因此将 g_2 和 h_2 题项合并为"自发学习和组织培训,提升团队技能水平"。根据受访者的反馈,Braun et al.(2012)的表述更接近建设项目情境,因此将 a_{10} 和 a_{12} 题项合并为"愿意与其他参与方沟通,处理合同中不能预见的情形",将 f_3、g_1 和 h_2 题项合并为"主动对项目面临问题提出有建设性的改进建议"。根据受访者的反馈,Farh et al.(1997)与 Braun et al.(2013)对 b_1 和 f_2 题项表述的意义相近,因此将两者合并为"主动宣传项目良好形象,以参与项目为荣";b_4 和 f_1 题项表述的意义相近,因此将两者合并为"向外界介绍项目时，进行积极正面的描述"。借鉴 Farh et al.(2004)的观点，本书将 f_4、g_4 和 i_3 题项合并为"积极参加项目会议和各项团队活动"。通过量表题项的合并与删减，预试量表题项共计为 30 个，具体的初试量表框架如表 4.4 所示。

表 4.4　项目良性组织行为初试量表框架

维度	题项描述（编码）	专家一致性	比例
利他行为 （a）	主动帮助其他参与方解决工作中的问题（a_1）	14	82%
	当其他参与方工作任务过重或缺乏经验时，主动协助完成任务（a_2）	12	71%
	主动与其他参与方协调沟通，避免造成工作麻烦（a_3）	17	100%
	当其他参与方之间发生争执时，愿意尝试调解（a_7）	15	88%
	愿意与其他参与方沟通，处理合同中不能预见的情形（a_{10}）	17	100%
	在发现其他参与方需要时，主动表示愿意提供帮助（a_{11}）	14	82%
项目忠诚 （b）	主动宣传项目良好形象，以参与项目为荣（b_1）	16	94%
	当存在利益冲突时，参与方以项目利益为最高目标（b_2）	12	71%
	主动调用自身的资源，以便实现项目的目标（b_3）	13	76%
	向外界介绍项目时，进行积极正面的描述（b_4）	17	100%
	参与方的成员形成共识，一起完成项目组织内的工作（b_6）	14	82%
	参与方的成员感受到强烈的项目认同感（b_7）	14	82%
项目服从 （c）	严格按照合同约定完成工作（c_1）	13	76%
	当没有完成分配的任务时，主动上报并加班赶工（c_2）	12	71%
	适应项目要求的变化，不断改进工作（c_3）	17	100%
	服从项目的各项规章指令并严格执行（c_4）	15	88%
	节约项目的各种资源（k_1）	14	82%
	保持项目工作环境的整齐清洁（k_2）	15	88%

续表

维度	题项描述(编码)	专家一致性	比例
人际和谐 (d)	维护项目团结,不在背后批评其他参与方(d_1)	12	71%
	与其他参与方保持融洽而良好的关系(d_2)	16	94%
	保持和谐友好的氛围,避免不必要的冲突(d_3)	17	100%
	不会采用不正当手段寻求自身影响,并破坏项目组织的人际和谐(d_5)	16	94%
	即使在项目结束后,还与其他参与方员工保持联系(e_1)	13	76%
	选择与之前合作过的参与方员工继续在本项目合作(e_3)	15	88%
积极主动 (g)	主动对项目面临问题提出有建设性的改进建议(g_1)	17	100%
	自发学习和组织培训,提升团队技能水平(g_2)	13	76%
	主动提高自身要求,开展各种项目技术和管理创新(g_3)	15	88%
	积极参加项目会议和各项团队活动(g_4)	16	94%
	主动分享与工作相关的有用信息(g_6)	12	71%
	发现和提醒项目领导者可能的改进之处以实现项目目标(g_7)	15	88%
放弃维度: 运动家 精神 (j)	总是关注当前处境下正确做法,而不关注错误做法(j_1)	8	47%
	不花费大量时间抱怨琐碎的事情(j_2)	8	47%
	不会总是寻找其他参与方员工的工作差错(j_3)	9	53%
放弃题项	主动给其他参与方提供无偿的工作便利(a_4)	9	53%
	愿意帮助其他参与方成员适应项目工作环境(a_9)	10	59%
	参与方愿意分享彼此工作信息,并成为项目中的一种常态(b_5)	10	59%
	为了实现项目的目标,愿意做任何项目需要的事情(b_8)	4	24%
	即使无人监督时,仍然服从项目的规定或流程(c_5)	10	59%
	不会借助工作获取自身利益(d_4)	10	59%
	即使目前不在同一子项目,仍会与特定的其他子项目的员工保持联系(e_2)	10	59%
	当工作有需要时,主动加班完成任务(g_5)	10	59%
	尽管不在工作职责范围内,仍然会主动了解项目实施的相关信息(g_8)	10	59%
	认真对待工作,并且很少出差错(h_1)	11	65%

续表

维度	题项描述(编码)	专家一致性	比例
放弃题项	从不介意接受新的或困难的任务(h_3)	10	59%
	经常提早上班,并立即处理工作(h_4)	7	41%
	自愿承担额外的工作责任(i_1)	3	18%
	积极参与各项社会公益活动(如献血、植树)(i_4)	7	41%
	主动参加各种社区服务(如照顾老人)(i_5)	7	41%
	不使用项目资源处理个人事务(k_3)	9	53%
	不在项目上班时间处理个人事务(k_4)	9	53%

四、量表的数据分析与验证

目前,学术界关于大样本统计分析中不同题项应当收集的合适样本数量尚未有一致意见(Marsh et al.,1998)。Boomsma(1982)认为,当样本容量小于 100 时,模型估计不够稳定,使参数估计值的信度偏低,因此建议样本数量越多越好。Velicer and Fava(1998)认为,样本容量与测量题项的比值越大越好并没有理论依据。Bentler and Chou(1987)建议,当变量服从正态分布时,样本容量与测量题项数的比值应在 5:1 以上。综合上述学者的观点,本书认为有效的样本数量与测量题项的比值大于 5:1 即可。

本书主要选取来自上海、江苏、浙江、湖南、广西等地的建设项目,采用现场发放问卷并答疑,然后现场回收的方式获取问卷,共发放问卷 230 份,回收 207 份,剔除无效问卷后得到有效问卷 190 份,有效回收率达 82.6%。无效问卷剔除的原则是:(1)问卷中缺失值较多,不具备分析价值;(2)问卷填写有明显规律或相同选项过多;(3)问卷中选择"中立"选项过多。样本数据基本情况如表 4.5 所示。

表 4.5　样本数据基本情况描述

项目		人数/人	百分比/%	项目		人数/人	百分比/%
性别	男	156	82.1	项目规模	0.5 亿元及以下	16	8.4
	女	34	17.9		0.5 亿—1.0 亿(含)元	14	7.4
年龄	21—30 岁	79	41.6		1.0 亿—5.0 亿(含)元	62	32.6
	31—40 岁	84	44.2		5.0 亿元以上	98	51.6
	41—50 岁	21	11.1	项目复杂性	低	6	3.2
	50 岁以上	6	3.2		中	86	45.3
学历	高中及以下	3	1.6		高	98	51.5
	大专	24	12.6	项目成立年限	1 年及以下	2	1.1
	本科	115	60.5		1—3(含)年	28	14.7
	研究生	48	25.3		3—5(含)年	149	78.4
工作年限	5 年及以下	58	30.5		5 年以上	11	5.8
	6—10 年	545	28.9	项目员工人数	20 人及以下	20	10.5
	11—15 年	37	19.5		21—50 人	20	10.5
	16—20 年	28	14.7		51—100 人	18	9.5
	20 年以上	12	6.3		100 人以上	132	69.5
项目中职位	项目经理	20	10.5	项目参与方性质	业主	58	30.5
	项目部门经理	30	15.8		承包商	50	26.3
	专业主管	53	27.9		监理/咨询单位	65	34.2
	项目工程师	87	45.8		勘察/设计单位	17	8.9

(一)探索性因子分析

本书使用 SPSS 19.0 软件进行探索性因子分析。首先,计算出 KMO 值为 0.902,远大于 0.7,并且 Bartlett 球形检验的统计值显著,说明数据非常适合做因子分析。然后,利用主成分分析方法和最大方差法直交旋转抽取因子并且估计因子负荷。吴明隆(2010b)认为,应当选取因子负荷大于 0.5 的作为有效因子。McDonald and Ho(2002)认为,当潜在因子之间不具有相关的假设时,每一个潜在变量至少需要三个测量指标才能保证潜在变量被识别。因此，本书共抽取五个共同因子，每一个因子存在三个及以上测量题项，可以解释的总变异量为 61.558%，说明量表因子结构良好。具体的探索性因子分析结果如表 4.6 所示。一些题项因子负荷小于 0.5，因此考虑删减编号为 4、6、11、12、18、22、24、29、30 等 9 个题项。

表 4.6　项目良性组织行为初试量表的探索性因子分析结果

编号	题项描述	因子 1	因子 2	因子 3	因子 4	因子 5
1	维护项目团结，不在背后批评其他参与方	**0.774**	0.163	0.314	0.174	0.260
2	与其他参与方保持融洽而良好的关系	**0.624**	0.097	0.264	0.323	0.167
3	保持和谐友好的氛围，避免不必要的冲突	**0.615**	0.219	0.273	0.118	0.330
4	不会采用不正当手段寻求自身影响，并破坏项目组织的人际和谐	0.391	0.023	0.269	0.364	−0.066
5	即使在项目结束后，还与其他参与方员工保持联系	**0.607**	0.349	0.326	0.059	0.138
6	选择与之前合作过的参与方员工继续在本项目合作	0.215	0.167	0.389	0.301	0.052
7	主动对项目面临的问题提出有建设性的改进建议	−0.001	**0.606**	0.443	0.069	0.316
8	自发学习和组织培训，提升团队技能水平	0.267	**0.664**	0.236	0.246	0.022
9	主动提高自身要求，开展各种项目技术和管理创新	0.147	**0.735**	0.037	0.217	0.358
10	积极参加项目会议和各项团队活动	0.135	**0.732**	0.087	0.305	−0.051
11	主动分享与工作相关的有用信息	0.267	0.011	0.228	0.220	0.320
12	发现和提醒项目领导者可能的改进之处以实现项目目标	0.018	0.312	0.235	0.358	0.091
13	严格按照合同约定完成工作	0.217	−0.048	**0.673**	0.342	−0.015
14	当没有完成分配的任务时，主动上报并加班赶工	0.115	0.378	**0.504**	0.241	−0.105
15	适应项目要求的变化，不断改进工作	0.013	0.185	**0.769**	0.078	0.164
16	服从项目的各项规章指令并严格执行	0.165	0.272	**0.592**	0.277	0.114
17	节约项目的各种资源（如水、电等）	0.308	0.181	**0.585**	0.236	0.180
18	保持项目工作环境的整齐清洁	0.214	0.098	0.082	0.214	0.324
19	主动帮助其他参与方解决工作中的问题	0.361	0.143	0.014	**0.737**	−0.029
20	当其他参与方工作任务过重或缺乏经验时，主动协助完成任务	0.230	0.068	0.094	**0.795**	0.210

90

编号	题项描述	因子1	因子2	因子3	因子4	因子5
21	主动与其他参与方协调沟通,避免造成工作麻烦	0.107	0.184	0.280	**0.632**	0.262
22	当其他参与方之间发生争执时,愿意尝试调解	0.018	0.201	0.304	0.375	0.401
23	愿意与其他参与方沟通,处理合同中不能预见的情形	0.381	0.110	0.125	**0.595**	0.212
24	在发现其他参与方需要时,主动表示愿意提供帮助	0.235	0.019	0.195	0.282	0.389
25	主动宣传项目良好形象,以参与项目为荣	0.219	0.102	0.251	−0.231	**0.605**
26	当存在利益冲突时,参与方以项目利益为最高目标	0.166	0.344	0.179	−0.015	**0.557**
27	主动调用自身的资源,以便实现项目的目标	0.357	0.199	0.284	0.009	**0.503**
28	向外界介绍项目时,进行积极正面的描述	0.232	0.272	0.083	0.160	**0.527**
29	参与方的成员形成共识,一起完成项目组织内的工作	0.218	0.309	0.055	0.360	0.220
30	参与方的成员感受到强烈的项目认同感	0.109	0.356	0.079	0.331	0.204

注:粗体标注的负荷值指各题项在所测变量上的因子负荷大于 0.5。

根据相关文献研究成果的维度划分(Organ,1988;Podsakoff et al.,2000;Farh et al.,2004;Braun et al.,2013),本书对抽取的五个共同因子进行了命名:因子 1 是人际和谐(interpersonal harmony,IH),解释方差为 38.719%;因子 2 是积极主动(individual initiative,II),解释方差为 6.995%;因子 3 是项目服从(project compliance,PC),解释方差为 5.908%;因子 4 是利他行为(helping behavior,HB),解释方差为 5.223%;因子 5 是项目忠诚(project loyalty,PL),解释方差为 4.713%。

(二)验证性因子分析

本书采用 SPSS 19.0 软件进行项目良性组织行为初试量表的信度分析,具体的信度分析结果如表 4.7 所示。从表 4.7 可知,项目忠诚、利他行为、项目服从、人际和谐和积极主动分量表的 Cronbach's α 系数分别为 0.705、0.792、0.746、0.794 和 0.814,大于 0.7 的检验标准,并且整体量表的信度为 0.921,满足进一步分析要求。

表 4.7 项目良性组织行为初试量表框架的信度分析结果

量表题项	CITC	项目删除后 Cronbach's α 系数	分量表 Cronbach's α 系数	整体 Cronbach's α 系数
PL_1	0.503	0.920		
PL_2	0.575	0.917	0.705	
PL_3	0.626	0.916		
PL_4	0.513	0.918		
HB_1	0.566	0.917		
HB_2	0.579	0.917	0.792	
HB_3	0.614	0.916		
HB_4	0.610	0.916		
PC_1	0.510	0.919		
PC_2	0.513	0.918		
PC_3	0.510	0.919	0.746	0.921
PC_4	0.615	0.916		
PC_5	0.583	0.917		
IH_1	0.655	0.915		
IH_2	0.593	0.917	0.794	
IH_3	0.615	0.916		
IH_4	0.611	0.916		
II_1	0.603	0.916		
II_2	0.639	0.916	0.814	
II_3	0.602	0.916		
II_4	0.532	0.918		

本书采用 AMOS 21.0 统计分析软件进行验证性因子分析,并且选取 χ^2/df、RMSEA、GFI、NFI、TLI 和 CFI 指标进行数据拟合的验证,具体的数据拟合结果如表 4.8 所示。

表 4.8　项目良性组织行为初试量表框架的数据拟合结果

模型检验量	χ^2/df	RMSEA	NFI	TLI	CFI	GFI
检验结果	1.936	0.070	0.900	0.910	0.928	0.910
拟合判断	是	是	是	是	是	是

从表 4.8 来看,项目良性组织行为的验证性因子分析数据拟合指数均优于判断标准值,表明项目良性组织行为的整体模型拟合良好,验证了其具有项目忠诚、利他行为、项目服从、人际和谐和积极主动的五维结构。本书遵循概念界定、文献梳理以及专家访谈的过程,结合深度访谈结果对量表题项进行筛选,从研究内容上保证量表的内容效度。

本书利用 AMOS 21.0 统计分析软件验证项目良性组织行为维度结构的适切性,具体的验证性因子分析结果如表 4.9 所示。

表 4.9　项目良性组织行为初试量表框架的验证性因子分析结果

量表题项	标准化因子负荷	标准误(S. E.)	临界比(C. R.)	CR	AVE
PL_1	0.601***	—	—		
PL_2	0.729***	0.310	5.616***	0.79	0.50
PL_3	0.853***	0.296	5.724***		
PL_4	0.603***	0.211	4.737***		
HB_1	0.637***	—	—		
HB_2	0.687***	0.107	9.856***	0.80	0.51
HB_3	0.734***	0.170	7.848***		
HB_4	0.764***	0.159	7.311***		
PC_1	0.692***	—	—		
PC_2	0.660***	0.155	6.208***		
PC_3	0.612***	0.175	6.628***	0.81	0.48
PC_4	0.715***	0.144	7.367***		
PC_5	0.703***	0.154	6.556***		

续表

量表题项	标准化因子负荷	标准误(S.E.)	临界比(C.R.)	CR	AVE
IH_1	0.730***	—	—		
IH_2	0.679***	0.100	8.671***	0.80	0.50
IH_3	0.727***	0.100	9.258***		
IH_4	0.674***	0.100	8.601***		
II_1	0.717***	—	—		
II_2	0.765***	0.109	9.290***	0.81	0.51
II_3	0.737***	0.108	8.930***		
II_4	0.628***	0.112	7.637***		

注：*** 表示 $p < 0.001$。

从表 4.9 来看，项目良性组织行为所有维度的 CR 值均大于 0.7，结合 Cronbach's α 系数均大于 0.7，表明项目良性组织行为量表题项之间的内部一致性信度较好；项目忠诚、利他行为、人际和谐和积极主动的 AVE 值大于 0.5，项目服从的 AVE 值接近于 0.5，表明项目良性组织行为量表的聚合效度满足要求。

五、与既有量表的对比分析

(一)与既有项目良性组织行为量表维度的对比分析

Braun et al.(2013)基于不同行业项目组织的探索性研究，提出包含五维结构的项目良性组织行为量表，按照解释方差大小依次为关系维护、个人主动性、项目服从、项目忠诚和帮助行为。与 Braun et al.(2013)开发的量表相比，本书的人际和谐和积极主动两个维度是解释方差最大的两个因子，说明在不同的项目组织中决定项目良性组织行为最主要的因素均是保持良好的人际关系和促进个体的首创性行为。不过，国内建设项目中的人际和谐涵盖的范围要明显大于西方情境下的关系维护行为，主要原因在于以集体主义价值观为核心的中国文化背景下，项目组织更需要团队成员保持人际关系的和谐，从而更有利于项目组织目标的实现。此外，在 Braun et al.(2013)开发的量表中，帮助行为的解释方差最小，而本书的项目忠诚的解释方差最小,原因可能在于国内项目组织的临时性造成项目成员缺乏项目归属感,但是国内建设项目中项目团队成员更注重互惠的帮助行为。

(二)与既有中国文化背景下的良性组织行为量表维度的对比分析

Farh et al.(2004)基于国内企业组织的实证研究,提出了包含十个维度的中国情境下良性组织行为量表,除了与西方情境下相近的维度外,还包括人际和谐、节约组织资源、保持工作环境整洁、参与公益活动等中国文化背景下特有的维度。与 Farh et al.(2004)开发的量表相比,本书的研究量表题项虽然包括其提出的人际和谐、节约组织资源等维度指标,但是完全剔除参与公益活动维度指标,这也说明不同于国内企业组织,诸如参与植树、照顾老人等公益活动在一般的建设项目中很少出现。同时,类似于 Farh et al.(2004)开发的量表,本书的研究量表也强调人际和谐的重要性,说明无论是在国内的企业还是项目组织中,保持良好的人际关系都是良性组织行为的重要组成部分。

第四节　建设项目组织文化的测量

通过梳理分析相关文献发现,除了少数研究者自行构建相应的测量模型或量表外,大部分学者将一些成熟的组织文化量表运用于项目组织文化的测量中,并且结合不同项目的特征进行适当修订。Thomas et al.(2002)基于建设项目的实证研究,采用 OCAI 量表对澳大利亚的建设项目组织文化进行测量。Yazici(2009,2011)基于不同行业的项目型组织实证研究,采用 OCAI 量表对美国的制造业、服务业和新产品开发等项目型组织文化进行了测量。Zhang and Liu(2006)基于国内建筑企业组织文化的研究发现,OCAI 量表要比 OCI 量表更可靠。朱振涛(2012)基于国内工程文化的实证研究,在 Ankrah et al.(2009)自行构建的量表基础上修订了项目组织文化量表,并对国内工程文化进行了测量,发现其工程文化五维度量表中有四个维度与 OCAI 量表的相应维度都存在匹配性。

本书并没有直接使用 OCAI 量表相应的测量题项,而是根据对行业内专家的深度访谈,归纳相关专业人士对建设项目组织文化的特征表述,将受访者识别的文化特征关键词与 OCAI 量表的四个维度进行比较,发现两者之间存在高度的匹配性,具体结果如表 4.10 所示。

表 4.10　深度访谈专家识别的文化特征

维度	特征主题
团队文化	团队合作、利益共赢、相互信任、主动沟通、积极参与、经验共享、关系和谐、整体利益高于一切
灵活文化	勇于创新、不惧风险、灵活改进
市场文化	激励、目标考核、以结果为导向、不注重过程
层级文化	层层汇报、严格流程、按指令办事、检查控制

　　结合对行业内专家访谈结果的归纳,笔者与 2 位从事工程管理研究的专家进行了研讨,在保留 OCAI 量表 24 个题项的基础上对量表题项的表述进行了修订。本书构建了用于中国情境下的建设项目组织文化量表,并将建设项目组织文化分为团队协作型文化(clan culture,CC)、灵活创新型文化(adhocracy culture,AC)、市场导向型文化(market culture,MC)和层级控制型文化(hierarchy culture,HC)四个维度,共计 24 个测量题项,具体的量表如表 4.11 所示。

表 4.11　建设项目组织文化初试量表

维度	量表题项	题项描述	文献来源
团队协作型文化(CC)	CC_1	本项目很人性化,像一个大家庭,参与方能分享彼此的经验或看法	Yazici (2009)
	CC_2	本项目领导层能主动指导、协助和关心参与方	
	CC_3	本项目强调团队合作、共识及各方的参与	
	CC_4	本项目凝聚力来源于参与方的相互信任,强调参与方对项目的认同	
	CC_5	本项目重视参与方的持续参与,强调参与方之间的高度信任和共同合作	
	CC_6	本项目定义成功为团队合作、人性关怀和参与方的承诺	

续表

维度	量表题项	题项描述	文献来源
灵活创新型文化（AC）	AC_1	本项目充满活力,参与方积极进取,勇于承担项目中的各种风险	Cameron and Quinn (2005)
	AC_2	本项目领导层工作方式灵活,富有开拓和创新精神	
	AC_3	本项目鼓励参与方勇于承担风险,强调创新和自我展现	
	AC_4	本项目凝聚力来源于对创新的追求,参与方渴望从创新中得到成长	
	AC_5	本项目重视获取新资源,鼓励参与方积极面对新挑战	
	AC_6	本项目定义成功为不断创新,提供最独特的项目成果	
市场导向型文化（MC）	MC_1	本项目关注工作的成果,强调任务的完成,参与方具有竞争意识和结果导向	Yazici (2009)
	MC_2	本项目领导层行事务实严谨,并重视工作结果	
	MC_3	本项目强调高标准和严格要求,关注参与方工作的完成	
	MC_4	本项目凝聚力来源于对工作成果和完成目标的重视	
	MC_5	本项目重视项目的成功,鼓励参与方实现更多目标	
	MC_6	本项目定义成功为赢得声誉,提供有竞争力的项目成果	
层级控制型文化（HC）	HC_1	本项目层级分明,强调严格控制,参与方严格遵循规章与流程做事	Cameron and Quinn (2005) Yazici (2009)
	HC_2	本项目领导层擅长组织与控制,注重项目顺畅实施	
	HC_3	本项目重视参与方工作的服从,各参与方工作有秩序	
	HC_4	本项目凝聚力来源于正式的规章制度,参与方注重项目的顺畅运行	
	HC_5	本项目重视项目的平稳运行,强调项目的效率和控制	
	HC_6	本项目定义成功为有效率,强调项目良好的计划和运行	

OCAI 量表可以采用利克特量表和强迫选择法两种不同的计分方法。宋联可等(2009)认为,采用强迫选择法对 OCAI 量表进行评价时存在两个问题:第一,由于中国人具有"中庸"思想,倾向于在四个选项中平均分配分数,导致不同文化类型之间的差距不明显;第二,由于中国人喜欢"臆断"而不喜欢"细究",导致很少有人会区分五分和十分的差别。因此,本书采用利克特量表计分。

第五节 项目绩效的测量

从项目管理领域相关文献来看,目前学术界尚未形成统一的项目绩效测量指标体系,而传统的进度、成本和质量"铁三角"的评价指标已经无法满足项目绩效的总体评价要求。Crawford and Bryne(2003)指出,"铁三角"指标仅仅描述项目效率方面的表现,而没有考虑项目有效性的重要性。Chan et al.(2004)基于既有文献的分析,提出了建设项目的关键绩效指标体系,不仅包括工期、成本、价值和利润、健康和安全等客观绩效指标,还包括质量、功能、使用者满意度、参与方满意度等主观绩效指标。Wong et al.(2009)认为,建设项目绩效应当从两个方面来进行评价,其中项目效率的评价包括了传统的"铁三角"指标,项目有效性的评价则包括了响应变化能力以及沟通渠道有效性等指标。Toor and Ogunlana(2010)针对大型公共项目的实证研究提出了大型项目绩效评价指标,除了传统的"铁三角"指标外,还包括项目的安全目标以及符合利益相关者预期等主观指标。Braun et al.(2013)基于对不同行业的项目组织实证研究提出了进度、质量、预算、客户需求和项目总体成功等五个项目效能的评价指标。Cheung et al.(2013)针对公共和私营项目的实证研究提出了建设项目绩效可以从"铁三角"绩效、质量绩效和时间绩效三个方面进行评价。许劲(2010)基于国内工程项目的实证研究提出了质量绩效、过程绩效、创新与学习绩效、利益相关者绩效四个维度的项目绩效指标评价体系,并且构建了包含13个题项的项目绩效量表。孙慧等(2012)通过对国内 PPP 项目的实证研究,提出了 PPP 项目绩效的关键评价指标,既包括项目的工期、成本、质量等"铁三角"指标,又包括项目功能、参与方满意度等主观评价指标。

综合上述国内外学者的观点,项目绩效不仅需要考虑传统的"铁三角"硬指标,更要关注最终用户满意度以及参与方满意度等软指标。结合既有文献分析和深度访谈结果,本书构建了用于中国情境下的项目绩效量表

(project performance，PP)，包括单一维度共计 8 个测量题项，具体的量表如表 4.12 所示。

表 4.12 项目绩效初试量表

维度	量表题项	题项描述	文献来源
项目绩效（PP）	PP_1	本项目按进度或将按进度完成	Pinto et al.(2009)
	PP_2	本项目按预算或将按预算完成	
	PP_3	本项目的单位(分项)工程优良率高	许劲(2010)
	PP_4	本项目中重大事故发生次数少	
	PP_5	本项目的结果或可交付成果满足最终用户的需求	Pinto et al.(2009)
	PP_6	我对项目完成的流程和过程很满意	
	PP_7	我对项目的结果很满意	
	PP_8	我对项目成功表示乐观	Pinto et al.(2009)、Braun et al.(2013)

第六节 调节变量与控制变量的测量

一、调节变量的测量

根据国内外相关文献研究成果，部分项目特征因素也会影响项目组织文化与项目绩效的关系。Chan et al.(2004)基于相关文献的元分析认为，项目的关键成功因素包括与项目相关的因素，其中项目特征是与项目相关的重要因素之一。Ankrah et al.(2009)基于英国建设项目的实证研究指出，除了行业特征和社会环境等不依赖项目的因素外，项目规模、项目所在地等项目特征因素也会影响项目组织文化。朱振涛(2012)通过对国内工程项目的实证研究发现，一些工程项目特征确实与工程文化高度相关，其中工程复杂性和项目规模分别与工程文化的特定维度相关，不过项目类型和合同发包模式对工程文化没有显著影响。

从上述相关文献来看，诸如项目规模、项目复杂性等项目特征因素会影响项目组织文化与项目绩效的关系。因此，本书研究的建设项目组织文化对项目绩效的影响其实也受到项目特征因素的制约，考虑选取项目规模和项目复杂性作为两者之间关系的调节变量。鉴于目前国内建设项目投资额存在不断增大的趋势，本书将项目规模按照项目的投资额大小划分为大型（5.0 亿元以上）、中型［1.0 亿—5.0 亿（含）元］和小型（1.0 亿元及以下）三种类型。同时，考虑到国内建设项目复杂性存在显著差异的现状，本书将项目复杂性按照设计或管理的复杂程度划分为高、中和低三个水平。

二、控制变量的测量

控制变量实际上是与特定研究目标无关，但因会影响研究结果而被加以考虑的非研究变量。项目的关键成功因素包括与项目相关的因素，而项目特征是与项目相关的重要因素之一（Belassi and Tukel，1996；Chan et al.，2004）。根据相关研究成果，一些项目特征因素与项目绩效相关，这些特征因素包括项目规模、项目复杂性、项目持续时间、合同发包模式等（Ankrah et al.，2009；朱振涛，2012）。因此，本书考虑选取项目规模、项目复杂性、项目组织成立年限以及项目组织员工人数四个项目特征变量作为控制变量。这四个控制变量都是定类变量，其中项目规模按照项目的投资额大小分为 0.5 亿元及以下、0.5 亿—1.0 亿（含）元、1.0 亿—5.0 亿（含）元、5.0 亿元以上共四类，项目复杂性按照设计或管理的复杂程度分为高、中、低三个水平，项目成立年限分为 1 年及以下、1—3（含）年、3—5（含）年、5 年以上共四种，项目员工人数分为 20 人及以下、21—50 人、51—100 人、100 人以上共四个类型。

尽管本书聚焦于建设项目组织文化对项目良性组织行为及项目绩效的影响，但是项目良性组织行为变量更容易受到受访者的性别、年龄、工作年限等人口学特征因素的影响（Braun et al.，2013）。根据有关研究成果，项目绩效的相关因素包括受访者的个体特征变量，主要有受访者的性别、年龄、学历、职位等(符勇,2011)。因此,本书考虑选取受访者的性别、年龄、学历、工作年限和职位五个人口学特征变量作为控制变量。这五个控制变量都是定类变量,其中受访者的性别分为男性和女性两类,受访者的年龄分为21—30岁、31—40岁、41—50岁、50岁以上四个年龄段,受访者的学历分为高中及以下、大专、本科、研究生四类,受访者所在项目中职位分为项目经理、项目部门经理、专业主管、项目工程师四类,受访者的工作年限分为5年及以下、6—10年、11—15年、16—20年、20年以上共五种。

第七节 小样本测试

一、小样本数据收集与描述性统计

本书的小样本测试于2017年10月分别在上海西岸传媒港、迪士尼乐园酒店、江苏无锡金融服务区、湖南长沙广电节目基地、广西南宁高铁站前广场五个在建项目上开展,调查对象主要为专业主管以上级别的管理人员。此次调查采用现场发放问卷并答疑,然后现场回收的方式获取问卷,共发放问卷210份,回收195份,对回收的问卷进行了筛选并剔除无效问卷。经过筛选后的有效问卷为181份,有效回收率达86.2%。小样本数据基本情况如表4.13所示。

初试量表各测量题项的均值、标准差、偏度和峰度等统计量如表4.14所示。当样本数据的偏度绝对值小于3,峰度绝对值低于10,可以认为样本数据符合正态分布(黄芳铭,2005)。

表 4.13 小样本数据基本情况

项目		人数/人	百分比/%	项目		人数/人	百分比/%
性别	男	143	79.0	项目规模	0.5 亿元及以下	16	8.8
	女	38	21.0		0.5 亿—1.0 亿(含)元	23	12.7
年龄	21—30 岁	57	31.5		1.0 亿—5.0 亿(含)元	20	11.0
	31—40 岁	90	49.7		5.0 亿元以上	122	67.4
	41—50 岁	24	13.3	项目复杂性	低	9	5.0
	50 岁以上	10	5.5		中	45	24.9
学历	高中及以下	2	1.1		高	127	70.2
	大专	36	19.9	项目成立年限	1 年及以下	4	2.2
	本科	107	59.1		1—3(含)年	71	39.2
	研究生	36	19.9		3—5(含)年	90	49.7
工作年限	5 年及以下	43	23.8		5 年以上	16	8.8
	6—10 年	54	29.8	项目员工人数	20 人及以下	31	17.1
	11—15 年	41	22.7		21—50 人	41	22.7
	16—20 年	26	14.4		51—100 人	22	12.2
	20 年以上	17	9.4		100 人以上	87	48.1
项目中职位	项目经理	34	18.8	项目参与方性质	业主	73	40.3
	项目部门经理	29	16.0		承包商	42	23.2
	专业主管	41	22.7		监理/咨询单位	52	28.7
	项目工程师	77	42.5		勘察/设计单位	14	7.7

表 4.14 小样本数据的描述性统计

维度	量表题项	样本数	均值	标准差	偏度		峰度	
					统计量	标准误	统计量	标准误
团队协作型文化（CC）	CC_1	181	3.69	0.915	−0.754	0.181	0.692	0.359
	CC_2	181	3.89	0.816	−0.601	0.181	0.419	0.359
	CC_3	181	3.93	0.843	−0.761	0.181	0.826	0.359
	CC_4	181	3.76	0.861	−0.619	0.181	0.383	0.359
	CC_5	181	3.71	0.827	−0.672	0.181	0.613	0.359
	CC_6	181	3.74	0.846	−0.534	0.181	0.633	0.359
灵活创新型文化（AC）	AC_1	181	3.62	0.826	−0.266	0.181	−0.114	0.359
	AC_2	181	3.61	0.903	−0.252	0.181	−0.060	0.359
	AC_3	181	3.51	0.935	−0.478	0.181	0.424	0.359
	AC_4	181	3.51	0.929	−0.298	0.181	−0.088	0.359
	AC_5	181	3.52	0.866	−0.052	0.181	−0.409	0.359
	AC_6	181	3.46	0.957	−0.204	0.181	−0.307	0.359
市场导向型文化（MC）	MC_1	181	3.83	0.822	−0.339	0.181	−0.054	0.359
	MC_2	181	4.04	0.791	−0.885	0.181	1.578	0.359
	MC_3	181	3.81	0.868	−0.450	0.181	−0.119	0.359
	MC_4	181	3.86	0.783	−0.796	0.181	1.376	0.359
	MC_5	181	3.68	0.815	−0.283	0.181	−0.028	0.359
	MC_6	181	3.56	0.884	−0.342	0.181	−0.161	0.359
层级控制型文化（HC）	HC_1	181	3.80	0.897	−0.530	0.181	0.064	0.359
	HC_2	181	3.89	0.843	−0.520	0.181	0.096	0.359
	HC_3	181	3.81	0.815	−0.574	0.181	0.368	0.359
	HC_4	181	3.80	0.835	−0.469	0.181	−0.194	0.359
	HC_5	181	3.77	0.788	−0.402	0.181	−0.092	0.359
	HC_6	181	3.88	0.841	−0.276	0.181	−0.612	0.359

续表

维度	量表题项	样本数	均值	标准差	偏度		峰度	
					统计量	标准误	统计量	标准误
项目忠诚（PL）	PL$_1$	181	3.82	0.718	0.030	0.181	−0.620	0.359
	PL$_2$	181	3.82	0.732	−0.280	0.181	−0.086	0.359
	PL$_3$	181	3.92	0.813	−0.305	0.181	−0.121	0.359
	PL$_4$	181	4.10	0.734	−0.481	0.181	−0.191	0.359
利他行为（HB）	HB$_1$	181	3.93	0.731	−0.493	0.181	0.341	0.359
	HB$_2$	181	3.96	0.741	−0.353	0.181	−0.107	0.359
	HB$_3$	181	3.69	0.847	−0.124	0.181	−0.598	0.359
	HB$_4$	181	3.86	0.787	−0.441	0.181	0.315	0.359
项目服从（PC）	PC$_1$	181	3.89	0.869	−0.709	0.181	0.537	0.359
	PC$_2$	181	3.99	0.778	−0.563	0.181	0.520	0.359
	PC$_3$	181	3.71	0.848	−0.338	0.181	−0.408	0.359
	PC$_4$	181	4.06	0.743	−0.582	0.181	0.780	0.359
	PC$_5$	181	3.96	0.791	−0.407	0.181	−0.262	0.359
人际和谐（IH）	IH$_1$	181	3.88	0.861	−0.609	0.181	0.159	0.359
	IH$_2$	181	3.99	0.799	−0.452	0.181	−0.263	0.359
	IH$_3$	181	3.97	0.846	−0.838	0.181	0.966	0.359
	IH$_4$	181	3.92	0.820	−0.713	0.181	0.921	0.359
积极主动（II）	II$_1$	181	3.87	0.819	−0.485	0.181	0.494	0.359
	II$_2$	181	3.82	0.778	−0.314	0.181	−0.201	0.359
	II$_3$	181	3.78	0.827	−0.401	0.181	−0.256	0.359
	II$_4$	181	3.83	0.868	−0.535	0.181	0.247	0.359
项目绩效（PP）	PP$_1$	181	3.66	0.839	−0.423	0.181	−0.047	0.359
	PP$_2$	181	3.61	0.826	−0.308	0.181	−0.393	0.359
	PP$_3$	181	3.81	0.842	−0.479	0.181	0.338	0.359
	PP$_4$	181	4.20	0.799	−0.903	0.181	0.896	0.359
	PP$_5$	181	4.06	0.728	−0.958	0.181	2.604	0.359
	PP$_6$	181	3.94	0.765	−0.357	0.181	−0.209	0.359
	PP$_7$	181	3.90	0.749	−0.387	0.181	0.016	0.359
	PP$_8$	181	4.06	0.708	−0.371	0.181	0.070	0.359

偏度绝对值小于 3,峰度绝对值小于 10 时,表明样本基本上服从正态分布(Kline,1998)。从表 4.14 来看,测量题项偏度绝对值均小于 1,低于判断标准值 3;峰度绝对值均小于 3,低于判断标准值 10。因此小样本测试数据符合正态分布,适合进行下一步数据分析。

二、初试量表的信度检验

信度表示对于相同的研究对象,运用相同的观测方法获得同样的观测数据的可能性(李怀祖,2004)。本书利用 Cronbach's α 系数作为信度检验的指标,各分量表和总体量表的 Cronbach's α 系数在 0.7 以上,认为信度达到可接受标准。同时,本书结合修正的项目总相关系数(CITC)进行各分量表的信度分析。当 CITC 小于 0.4 而且删除该题项后 Cronbach's α 系数显著增大时,符合量表项目的删除标准(吴明隆,2010b)。因此,本书对于 CITC 小于 0.5 并且删除后显著提高 Cronbach's α 系数的量表题项予以删除,但是需要同时删除几个题项时,则优先删除 CITC 较小者。

(一)建设项目组织文化初试量表的信度检验

建设项目组织文化初试量表的信度分析结果如表 4.15 所示。从表 4.15 可以看出,团队协作型文化、灵活创新型文化、市场导向型文化和层级控制型文化分量表的 Cronbach's α 系数分别为 0.848、0.828、0.755 和 0.812,大于 0.7 的检验标准。同时,所有题项的 CITC 均大于 0.4,并且删除任何一个题项都不会有助于 Cronbach's α 系数的增大。因此保留量表内全部 24 个测量题项。建设项目组织文化初试量表的整体 Cronbach's α 系数为 0.939,远大于 0.7,说明量表的信度符合大样本研究的要求。

表 4.15　建设项目组织文化初试量表的信度分析结果

维度	量表题项	CITC	项目删除后 Cronbach's α 系数	分量表 Cronbach's α 系数	整体 Cronbach's α 系数
团队协作型文化（CC）	CC_1	0.643	0.936		
	CC_2	0.645	0.936		
	CC_3	0.661	0.935	0.848	
	CC_4	0.621	0.936		
	CC_5	0.660	0.935		
	CC_6	0.660	0.935		
灵活创新型文化（AC）	AC_1	0.643	0.936		
	AC_2	0.581	0.937		
	AC_3	0.561	0.937	0.828	
	AC_4	0.665	0.935		
	AC_5	0.613	0.936		
	AC_6	0.605	0.936		0.939
市场导向型文化（MC）	MC_1	0.609	0.936		
	MC_2	0.598	0.936		
	MC_3	0.565	0.937	0.755	
	MC_4	0.587	0.936		
	MC_5	0.560	0.937		
	MC_6	0.503	0.938		
层级控制型文化（HC）	HC_1	0.635	0.936		
	HC_2	0.658	0.935		
	HC_3	0.597	0.936	0.812	
	HC_4	0.605	0.936		
	HC_5	0.648	0.936		
	HC_6	0.508	0.938		

（二）项目良性组织行为初试量表的信度检验

项目良性组织行为初试量表的信度分析结果如表 4.16 所示。从表 4.16 可以看出,项目忠诚、利他行为、项目服从、人际和谐和积极主动分量表的 Cronbach's α 系数分别为 0.721、0.798、0.753、0.792 和 0.803,大于 0.7 的检验标准;同时,所有题项的 CITC 均大于 0.4,并且删除任何一个题项都不会有助于 Cronbach's α 系数的增大。因此保留量表内全部 21 个测量题项。项目良性组织行为初试量表的整体 Cronbach's α 系数为 0.919,远大于 0.7,说明量表的信度符合大样本研究的要求。

表 4.16 项目良性组织行为初试量表的信度分析结果

维度	量表题项	CITC	项目删除后 Cronbach's α 系数	分量表 Cronbach's α 系数	整体 Cronbach's α 系数
项目忠诚 (PL)	PL_1	0.506	0.918	0.721	0.919
	PL_2	0.517	0.918		
	PL_3	0.560	0.916		
	PL_4	0.516	0.918		
利他行为 (HB)	HB_1	0.603	0.915	0.798	
	HB_2	0.594	0.915		
	HB_3	0.635	0.914		
	HB_4	0.565	0.916		
项目服从 (PC)	PC_1	0.584	0.915	0.753	
	PC_2	0.507	0.917		
	PC_3	0.504	0.917		
	PC_4	0.596	0.915		
	PC_5	0.609	0.915		
人际和谐 (IH)	IH_1	0.608	0.915	0.792	
	IH_2	0.620	0.914		
	IH_3	0.669	0.913		
	IH_4	0.598	0.915		
积极主动 (II)	II_1	0.529	0.916	0.803	
	II_2	0.618	0.915		
	II_3	0.594	0.915		
	II_4	0.567	0.916		

（三）项目绩效初试量表的信度检验

项目绩效初试量表的信度分析结果如表 4.17 所示。从表 4.17 可以看出，所有题项的 CITC 均大于 0.4，并且删除任何一个题项都不会有助于 Cronbach's α 系数的增大。因此保留量表内全部 8 个测量题项。项目绩效初试量表的整体 Cronbach's α 系数为 0.853，远大于 0.7，说明量表的信度符合大样本研究的要求。

表 4.17 项目绩效初试量表的信度分析结果

维度	量表题项	CITC	项目删除后 Cronbach's α 系数	整体 Cronbach's α 系数
项目绩效 (PP)	PP_1	0.708	0.821	0.853
	PP_2	0.518	0.845	
	PP_3	0.655	0.828	
	PP_4	0.504	0.847	
	PP_5	0.558	0.839	
	PP_6	0.531	0.843	
	PP_7	0.664	0.827	
	PP_8	0.630	0.832	

综合上述各量表的信度分析结果，所有初试量表的 CITC 和 Cronbach's α 系数均达到可接受的标准，说明本书的研究数据具有较高的可信度。

三、初试量表的效度检验

在量表评价中，效度是指能够测到量表所欲测的心理或行为特质达到程度（吴明隆，2010b）。本书采用 SPSS 19.0 软件进行效度检验。首先，基于 KMO 检验和 Bartlett 球形检验的指标来判断进行因子分析的适合性，即 Bartlett 球形检验的统计值达到显著性水平（$p < 0.05$），并且 KMO 值大于 0.7。然后，根据特征根值大于 1 的标准，利用主成分分析结合最大方差法进行因子抽取，保留因子负荷量大于 0.5 并且不存在交叉载荷的题项。抽取因子仍然根据特征根值大于 1 的标准，当特征根值小于 1 时停止因子抽取。

（一）建设项目组织文化初试量表的效度检验

首先,计算得到 KMO 值为 0.929,远大于 0.7,并且 Bartlett 球形检验的统计值显著,说明数据非常适合做因子分析。然后,利用主成分分析方法和最大方差法直交旋转抽取因子并估计因子负荷,共抽取四个共同因子,累计解释的总方差为 57.317%,说明因子结构良好。转轴后的因子负荷矩阵如表 4.18 所示,所有题项的因子负荷均大于 0.5,并且不存在交叉载荷的现象。

表 4.18 建设项目组织文化初试量表的因子负荷矩阵

量表题项	因子 1	因子 2	因子 3	因子 4
CC_2	**0.786**	0.159	0.171	0.197
CC_4	**0.725**	0.134	0.166	0.288
CC_3	**0.546**	0.322	0.127	0.270
CC_1	**0.540**	0.398	0.080	0.202
CC_5	**0.534**	0.344	0.143	0.373
CC_6	**0.503**	0.394	0.284	0.310
HC_4	0.226	**0.653**	0.261	0.125
HC_5	0.329	**0.646**	0.382	0.029
HC_2	0.243	**0.618**	0.313	0.190
HC_6	0.176	**0.555**	0.164	0.235
HC_3	0.256	**0.519**	0.386	0.117
HC_1	0.386	**0.507**	0.249	0.177
MC_2	0.293	0.109	**0.793**	0.025
MC_4	0.139	0.243	**0.697**	0.158
MC_6	−0.059	0.042	**0.627**	0.350
MC_5	0.073	0.257	**0.620**	0.293
MC_3	0.376	0.069	**0.588**	0.132
MC_1	0.334	0.368	**0.509**	0.077
AC_6	0.104	0.199	0.286	**0.768**
AC_5	0.182	0.230	0.236	**0.707**

续表

量表题项	因子 1	因子 2	因子 3	因子 4
AC_4	0.258	0.329	0.240	**0.610**
AC_2	0.354	0.280	−0.027	**0.599**
AC_3	0.391	0.082	0.152	**0.574**
AC_1	0.289	0.381	0.209	**0.504**

注:粗体标注的负荷值指各题项在所测变量上的因子负荷大于0.5。

(二)项目良性组织行为初试量表的效度检验

首先,计算得出 KMO 值为 0.902,远大于 0.7,并且 Bartlett 球形检验的统计值显著,说明数据非常适合做因子分析。然后,利用主成分分析方法和最大方差法直交旋转抽取因子并估计因子负荷,共抽取五个共同因子,累计解释的总方差为 62.449%,说明因子结构良好。转轴后的因子负荷矩阵如表 4.19 所示,所有题项的因子负荷均大于 0.5,并且不存在交叉载荷的现象。

表 4.19 项目良性组织行为初试量表的因子负荷矩阵

量表题项	因子 1	因子 2	因子 3	因子 4	因子 5
IH_4	**0.734**	0.021	0.353	0.205	0.034
IH_3	**0.692**	0.226	0.133	0.203	0.282
IH_2	**0.567**	0.347	0.020	0.267	0.180
IH_1	**0.539**	0.335	0.063	0.107	0.260
II_3	0.108	**0.713**	0.314	0.178	0.114
II_4	0.288	**0.712**	0.120	0.111	0.109
II_2	0.264	**0.711**	0.219	0.047	0.208
II_1	0.194	**0.588**	−0.082	0.257	0.377
PC_3	0.230	0.147	**0.759**	−0.057	0.225
PC_4	0.275	0.187	**0.654**	0.118	0.110
PC_2	0.128	0.100	**0.593**	0.341	0.201
PC_1	0.158	0.240	**0.583**	−0.005	0.385
PC_5	0.242	0.338	**0.510**	0.103	0.141

续表

量表题项	因子 1	因子 2	因子 3	因子 4	因子 5
HB_2	0.198	0.188	0.137	**0.799**	0.062
HB_1	0.227	0.064	0.269	**0.780**	0.031
HB_3	0.093	0.240	0.171	**0.671**	0.381
HB_4	0.313	0.372	0.038	**0.526**	0.155
PL_1	0.169	−0.006	0.033	0.287	**0.707**
PL_4	0.242	0.207	0.042	0.059	**0.654**
PL_3	0.099	0.203	0.345	0.040	**0.633**
PL_2	0.022	0.282	0.319	−0.090	**0.597**

注:粗体标注的负荷值指各题项在所测变量上的因子负荷大于 0.5。

(三)项目绩效初试量表的效度检验

首先,计算得出 KMO 值为 0.900,远大于 0.7,并且 Bartlett 球形检验的统计值显著,说明数据非常适合做因子分析。然后,利用主成分分析方法和最大方差法直交旋转抽取因子并估计因子负荷,只是抽取了一个共同因子,特征值为 3.982,可以解释的总变异量为 50.779%,说明一维因子结构良好。项目绩效初试量表的因子分析结果见表 4.20,各题项的标准化因子负荷均大于 0.6,部分题项的因子负荷大于 0.8,说明量表的聚合效度良好。

表 4.20 项目绩效初试量表的因子分析结果

量表题项	初始方差	提取方差	因子负荷
PP_1	1.000	0.641	**0.801**
PP_7	1.000	0.591	**0.769**
PP_3	1.000	0.568	**0.754**
PP_8	1.000	0.543	**0.737**
PP_5	1.000	0.440	**0.663**
PP_6	1.000	0.419	**0.647**
PP_2	1.000	0.407	**0.638**
PP_4	1.000	0.373	**0.611**

注:粗体标注的负荷值指各题项在所测变量上的因子负荷大于 0.5。

　　综合上述初试量表的效度检验结果，所有量表的 KMO 值和 Bartlett 球形检验均达到可接受的标准，并且所提取的因子都能够对测量变量进行很好的解释，说明本书的研究数据具有良好的效度。最终，形成用于大样本调查的正式问卷，具体内容见本书附录 C。

第五章　实证研究与结果分析

第一节 数据收集与描述性统计

一、数据收集过程

(一)选定调查对象

本书的调查对象为已完工或即将完工的建设项目主要参与方管理成员,涵盖业主方、承包商、监理/咨询单位、勘察/设计单位,受访者所在项目中职位包括项目经理、项目部门经理、专业主管和项目工程师。

(二)选择调查方式

问卷调查的方式主要分为报刊问卷、邮件问卷、送发问卷、访问问卷和电话问卷(曾兴,2008)。考虑到每种方式各有利弊,本书的问卷调查主要采用纸质问卷和网络问卷两种方式,以纸质问卷为主。对于能够现场调研的项目,采用现场发放纸质问卷,请受访者填写后当场收回的方式。为了适应网络时代的特点,部分问卷采用方便受访者填写的网络问卷方式。

(三)确定样本容量

Schumacker and Lomax(1996)发现,大部分的结构方程模型研究的样本数量多介于 200 至 500 之间。Kline(1998)认为,在 SEM 分析中,若样本数少于 100,参数估计结果是不可靠的。Mueller(1997)认为,在 SEM 分析中,样本大小标准在 100 以上,200 以上更佳。Gorsuch and Venable(1983)认为,测量题项与受访者的比例应在 1∶5 以上。侯杰泰等(2004)认为,样本越大越好,每个变量至少要有三个测量指标。鉴于本书共有 53 个测量题项,因此有效样本数量应该在 265 个以上。

(四)发放和回收问卷

本书的正式问卷调研分为两个阶段:第一阶段从 2018 年 3 月中旬到 7 月下旬,历时近五个月;第二阶段从 2019 年 9 月中旬到 10 月下旬,历时近一个半月,主要是对第一阶段问卷调研的补充。本书的问卷调查采用滚雪球法,其中上海、江苏、浙江、湖南、广西等具有一定社会关系的调查地区由研究人员现场发放纸质问卷进行调查,其他地区则通过网络问卷方式回收问卷,网络问卷采用中间人协助调查的形式。正式问卷调研共发放问卷 750 份,回收问卷 660 份,其中纸质问卷回收 528 份,网络问卷回收 132 份。剔除无效问卷后,最终得到有效问卷 602 份,有效问卷回收率为 80.3%。从问卷的项目地域分布来看,来源地区排在前五位的省份依次为上海、江苏、浙江、湖南和广西。

二、大样本数据的描述性统计

通过对正式问卷的发放、回收和筛选,本书共得到有效问卷 602 份,大样本数据基本情况如表 5.1 所示。

表 5.1 大样本数据基本情况

项目		人数/人	占比/%	项目		人数/人	占比/%
性别	男	467	77.6	项目规模	0.5 亿元及以下	77	12.8
	女	135	22.4		0.5 亿—1.0 亿(含)元	106	17.6
年龄	21—30 岁	222	36.8		1.0 亿—5.0 亿(含)元	202	33.6
	31—40 岁	246	40.9		5.0 亿元以上	217	36.0
	41—50 岁	99	16.4	项目复杂性	低	46	7.6
	50 岁以上	35	5.8		中	278	46.2
学历	高中及以下	17	2.8		高	278	46.2
	大专	147	24.4	项目成立年限	1 年及以下	32	5.3
	本科	327	54.3		1—3(含)年	323	53.7
	研究生	111	18.4		3—5(含)年	127	21.1
工作年限	5 年及以下	160	26.6		5 年以上	120	19.9
	6—10 年	164	27.2	项目员工人数	20 人及以下	188	31.2
	11—15 年	127	21.1		21—50 人	221	36.7
	16—20 年	79	13.1		51—100 人	81	13.5
	20 年以上	72	12.0		100 人以上	112	18.6

续表

项目		人数/人	占比/%	项目		人数/人	占比/%
项目中职位	项目经理	117	19.4	项目参与方性质	业主	210	34.9
	项目部门经理	88	14.6		承包商	173	28.7
	专业主管	170	28.2		监理/咨询单位	159	26.4
	项目工程师	227	37.7		勘察/设计单位	60	10.0

从受访者的性别来看,男性占样本总数的 77.6%,女性占样本总数的 22.4%,基本符合国内建筑行业从业人员的现状;从受访者的年龄来看, 31—40 岁年龄段的受访者最多;从受访者的学历来看,具有本科学历受访者最多;从受访者的工作年限来看,具有 6—10 年工作经验的受访者最多;从受访者在项目中职位来看,担任项目工程师的受访者最多,其次为专业主管;从受访者所在项目规模来看,项目投资额为 5.0 亿元以上的样本数量最多,其次为 1.0 亿—5.0 亿(含)元的样本;从受访者所在项目复杂性来看,具有中、高复杂性的样本数量较多;从受访者所在项目成立年限来看,成立年限为 1—3(含)年的样本数量最多,其次为 3—5(含)年的样本;从受访者所在项目员工人数来看,员工人数为 21—50 人的样本数量最多;从受访者所在项目参与方性质来看,来自业主的样本数量最多,来自承包商和监理/咨询单位的样本也较多。

为了掌握大样本数据的整体分布特征,本书对各题项的数据进行了描述性统计分析,包括均值、标准差、偏度和峰度等统计量,详细的统计结果如表 5.2 所示。

表 5.2　大样本数据的描述性统计结果

维度	量表题项	样本数	均值	标准差	偏度		峰度	
					统计量	标准误	统计量	标准误
团队协作型文化(CC)	CC_1	602	3.83	0.897	−0.768	0.100	0.655	0.199
	CC_2	602	3.96	0.832	−0.745	0.100	0.862	0.199
	CC_3	602	3.97	0.834	−0.820	0.100	1.175	0.199
	CC_4	602	3.85	0.891	−0.714	0.100	0.501	0.199
	CC_5	602	3.84	0.840	−0.676	0.100	0.658	0.199
	CC_6	602	3.81	0.892	−0.697	0.100	0.641	0.199

续表

维度	量表题项	样本数	均值	标准差	偏度		峰度	
					统计量	标准误	统计量	标准误
灵活创新型文化（AC）	AC_1	602	3.75	0.901	−0.586	0.100	0.323	0.199
	AC_2	602	3.75	0.886	−0.478	0.100	0.113	0.199
	AC_3	602	3.61	0.939	−0.486	0.100	0.077	0.199
	AC_4	602	3.64	0.940	−0.379	0.100	−0.164	0.199
	AC_5	602	3.67	0.931	−0.327	0.100	−0.350	0.199
	AC_6	602	3.57	0.977	−0.377	0.100	−0.187	0.199
市场导向型文化（MC）	MC_1	602	3.88	0.859	−0.500	0.100	−0.002	0.199
	MC_2	602	4.01	0.777	−0.773	0.100	1.206	0.199
	MC_3	602	3.90	0.854	−0.618	0.100	0.227	0.199
	MC_4	602	3.88	0.826	−0.779	0.100	1.057	0.199
	MC_5	602	3.78	0.892	−0.616	0.100	0.311	0.199
	MC_6	602	3.66	0.928	−0.504	0.100	0.060	0.199
层级控制型文化（HC）	HC_1	602	3.84	0.889	−0.629	0.100	0.184	0.199
	HC_2	602	3.95	0.855	−0.622	0.100	0.198	0.199
	HC_3	602	3.87	0.839	−0.751	0.100	0.811	0.199
	HC_4	602	3.86	0.862	−0.620	0.100	0.341	0.199
	HC_5	602	3.88	0.826	−0.563	0.100	0.224	0.199
	HC_6	602	3.91	0.881	−0.678	0.100	0.311	0.199
项目忠诚（PL）	PL_1	602	3.84	0.798	−0.475	0.100	0.446	0.199
	PL_2	602	3.88	0.820	−0.590	0.100	0.488	0.199
	PL_3	602	3.95	0.807	−0.636	0.100	0.646	0.199
	PL_4	602	4.08	0.790	−0.809	0.100	1.104	0.199
利他行为（HB）	HB_1	602	4.01	0.767	−0.654	0.100	0.757	0.199
	HB_2	602	4.01	0.802	−0.764	0.100	0.946	0.199
	HB_3	602	3.86	0.881	−0.554	0.100	0.109	0.199
	HB_4	602	3.88	0.876	−0.713	0.100	0.548	0.199

续表

维度	量表题项	样本数	均值	标准差	偏度		峰度	
					统计量	标准误	统计量	标准误
项目服从（PC）	PC$_1$	602	3.95	0.866	−0.772	0.100	0.727	0.199
	PC$_2$	602	4.07	0.803	−0.755	0.100	0.734	0.199
	PC$_3$	602	3.81	0.919	−0.587	0.100	0.120	0.199
	PC$_4$	602	4.04	0.799	−0.846	0.100	1.266	0.199
	PC$_5$	602	3.98	0.833	−0.700	0.100	0.672	0.199
人际和谐（IH）	IH$_1$	602	3.94	0.858	−0.674	0.100	0.499	0.199
	IH$_2$	602	4.09	0.758	−0.799	0.100	0.643	0.199
	IH$_3$	602	4.02	0.791	−0.837	0.100	1.038	0.199
	IH$_4$	602	4.02	0.830	−0.827	0.100	1.070	0.199
积极主动（II）	II$_1$	602	3.83	0.888	−0.513	0.100	0.080	0.199
	II$_2$	602	3.82	0.849	−0.562	0.100	0.251	0.199
	II$_3$	602	3.84	0.858	−0.650	0.100	0.413	0.199
	II$_4$	602	3.79	0.858	−0.543	0.100	0.238	0.199
项目绩效（PP）	PP$_1$	602	3.76	0.924	−0.725	0.100	0.284	0.199
	PP$_2$	602	3.72	0.896	−0.553	0.100	0.117	0.199
	PP$_3$	602	3.87	0.832	−0.641	0.100	0.668	0.199
	PP$_4$	602	4.18	0.799	−0.947	0.100	1.134	0.199
	PP$_5$	602	4.05	0.762	−0.816	0.100	1.466	0.199
	PP$_6$	602	3.95	0.843	−0.766	0.100	0.904	0.199
	PP$_7$	602	3.92	0.848	−0.658	0.100	0.566	0.199
	PP$_8$	602	4.08	0.816	−0.952	0.100	1.454	0.199

从表 5.2 可以看出，测量题项偏度绝对值均小于 1，峰度绝对值均小于 2，因此大样本数据符合正态分布，满足进一步的 SEM 分析要求。

第二节　量表的信度与效度检验

一、量表的信度检验

与小样本测试相同，本书对大样本数据同样采用 Cronbach's α 系数并结合 CITC 进行信度检验，仍然采用 Cronbach's α 系数大于 0.7 作为检验标准。

(一)建设项目组织文化量表的信度检验

建设项目组织文化量表的信度分析结果如表 5.3 所示。从表 5.3 可以看出，团队协作型文化、灵活创新型文化、市场导向型文化和层级控制型文化分量表的 Cronbach's α 系数分别为 0.848、0.873、0.826 和 0.833。通过与小样本测试阶段分析结果的比较，Cronbach's α 系数均有所增大，远大于 0.7 的检验标准，并且整体量表的信度高达 0.952，满足进一步的 SEM 分析要求。

表 5.3　建设项目组织文化量表的信度分析结果

维度	量表题项	CITC	项目删除后 Cronbach's α 系数	分量表 Cronbach's α 系数	整体 Cronbach's α 系数
团队协作型文化 (CC)	CC_1	0.612	0.951	0.848	0.952
	CC_2	0.665	0.950		
	CC_3	0.669	0.950		
	CC_4	0.701	0.950		
	CC_5	0.660	0.950		
	CC_6	0.692	0.950		
灵活创新型文化 (AC)	AC_1	0.668	0.950	0.873	
	AC_2	0.667	0.950		
	AC_3	0.669	0.950		
	AC_4	0.716	0.949		
	AC_5	0.687	0.950		
	AC_6	0.652	0.950		

续表

维度	量表题项	CITC	项目删除后 Cronbach's α 系数	分量表 Cronbach's α 系数	整体 Cronbach's α 系数
市场导向型文化（MC）	MC$_1$	0.642	0.950	0.826	0.952
	MC$_2$	0.641	0.950		
	MC$_3$	0.658	0.950		
	MC$_4$	0.672	0.950		
	MC$_5$	0.670	0.950		
	MC$_6$	0.572	0.951		
层级控制型文化（HC）	HC$_1$	0.625	0.951	0.833	
	HC$_2$	0.668	0.950		
	HC$_3$	0.638	0.950		
	HC$_4$	0.592	0.951		
	HC$_5$	0.665	0.950		
	HC$_6$	0.642	0.950		

（二）项目良性组织行为量表的信度检验

项目良性组织行为量表的信度分析结果如表 5.4 所示。从表 5.4 可以看出，项目忠诚、利他行为、项目服从、人际和谐和积极主动的分量表 Cronbach's α 系数分别为 0.783、0.855、0.820、0.812 和 0.840。通过与小样本测试分析结果比较，Cronbach's α 系数均有所增大，大于 0.7 的检验标准，并且整体量表的信度高达 0.942，满足进一步的 SEM 分析要求。

表 5.4　项目良性组织行为量表的信度分析结果

维度	量表题项	CITC	项目删除后 Cronbach's α 系数	分量表 Cronbach's α 系数	整体 Cronbach's α 系数
项目忠诚（PL）	PL$_1$	0.559	0.940	0.783	0.942
	PL$_2$	0.615	0.939		
	PL$_3$	0.654	0.939		
	PL$_4$	0.569	0.940		

续表

维度	量表题项	CITC	项目删除后 Cronbach's α 系数	分量表 Cronbach's α 系数	整体 Cronbach's α 系数
利他行为（HB）	HB$_1$	0.693	0.938	0.855	0.942
	HB$_2$	0.713	0.938		
	HB$_3$	0.692	0.938		
	HB$_4$	0.697	0.938		
项目服从（PC）	PC$_1$	0.646	0.939	0.820	
	PC$_2$	0.604	0.940		
	PC$_3$	0.605	0.940		
	PC$_4$	0.644	0.939		
	PC$_5$	0.672	0.938		
人际和谐（IH）	IH$_1$	0.603	0.940	0.812	
	IH$_2$	0.631	0.939		
	IH$_3$	0.656	0.939		
	IH$_4$	0.645	0.939		
积极主动（II）	II$_1$	0.625	0.939	0.840	
	II$_2$	0.641	0.939		
	II$_3$	0.661	0.939		
	II$_4$	0.614	0.939		

（三）项目绩效量表的信度检验

项目绩效量表的信度分析结果如表 5.5 所示。从表 5.5 可以看出,所有题项的 CITC 均大于 0.5,项目绩效量表的整体 Cronbach's α 系数为 0.904,大于 0.7 的检验标准,满足进一步的 SEM 分析要求。

表 5.5 项目绩效量表的信度分析结果

维度	量表题项	CITC	项目删除后 Cronbach's α 系数	整体 Cronbach's α 系数
项目绩效（PP）	PP$_1$	0.703	0.866	0.904
	PP$_2$	0.639	0.872	
	PP$_3$	0.659	0.870	
	PP$_4$	0.506	0.884	
	PP$_5$	0.635	0.873	
	PP$_6$	0.653	0.871	
	PP$_7$	0.749	0.861	
	PP$_8$	0.711	0.865	

综合上述各量表的信度分析结果，所有量表的 CITC 和 Cronbach's α 系数均满足标准要求，说明本书的研究数据具有较高的可信度。

二、量表的效度检验

虽然效度存在不同的分类方式，但是可以通过内容效度和构念效度来检验量表的效度。内容效度是指测量工具内容的适切性与代表性，即测量量表对整个测验内容的代表程度。在实证研究中，大多采用文献分析和访谈的方法来对测量量表的内容效度进行定性评价。本书在相关文献梳理的基础上，结合与行业内专业人士以及工程管理研究者的深度访谈结果，对项目良性组织行为量表进行开发，并且对建设项目组织文化与项目绩效量表进行修订，因此其具有良好的内容效度，满足实证研究要求。

构念效度是指测量工具能够测量出理论的特质或概念的程度，包括聚合效度和区分效度。在实证研究中，主要采用验证性因子分析来检验测量量表的聚合效度和区分效度。聚合效度是指在通过不同方法测量同一构念时所得结果之间的关联性。通常采用 Fornell and Larcker（1981）提出的方法，通过计算各潜在变量的 AVE 来衡量聚合效度，如果 AVE 达到 0.5 以上，则认为量表具有较好的聚合效度，或者根据题项因子负荷的临界比值（相当于 t 检验值）与 AVE 相结合来判断聚合效度。区分效度是指在通过不同方法测量不同构念时所得结果之间的区别性。Espinoza(1999)认为，AVE 也可以用来检验区分效度，当各变量的 AVE 均大于各变量间共享方差时，则认为量表具有较好的区分效度。本书采用验证性因子分析方法进行聚合效度和区分效度检验。如果模型拟合度指标符合相应的判断标准，则可以通过因子载荷计算各潜在变量的 AVE。

第三节　验证性因子分析

邱皓政(2009)指出，SEM 包括测量模型和结构模型两个基本模型，既可以测量潜在变量的构成(即验证性因子分析)，也可以分析潜在变量之间的关系(即路径分析)。Hair et al. (1998)认为，SEM 分析应当遵循以下步骤：(1)建立理论模型架构；(2)建立变量间因果关系路径图；(3)转换路径图为结构模型与测量模型；(4)分析鉴定模型；(5)评估模型拟合度；(6)模型的解释与修改。本书主要采用 SEM 进行大样本研究数据分析。

一、建设项目组织文化的验证性因子分析

建设项目组织文化是由四个潜在变量构成，分别是团队协作型文化、灵活创新型文化、市场导向型文化和层级控制型文化，其中每个潜在变量均有六个测量指标。验证性因子分析模型如图 5.1 所示。

根据验证性因子分析的要求，模型的识别需要满足以下三个条件：(1)每个因子至少有三个指标；(2)测量一个因子的指标不允许在其他因子上有载荷；(3)测量误差不相关。从图 5.1 来看，建设项目组织文化验证性因子分析模型同时满足上述三个条件，潜在变量之间以及潜在变量与观察变量之间的所有标准化因子负荷均达到显著水平，因此模型是可识别的。潜在变量之间的相关系数均在 0.7 以上，显示四个潜在变量间存在另一个更高阶的共同因子。

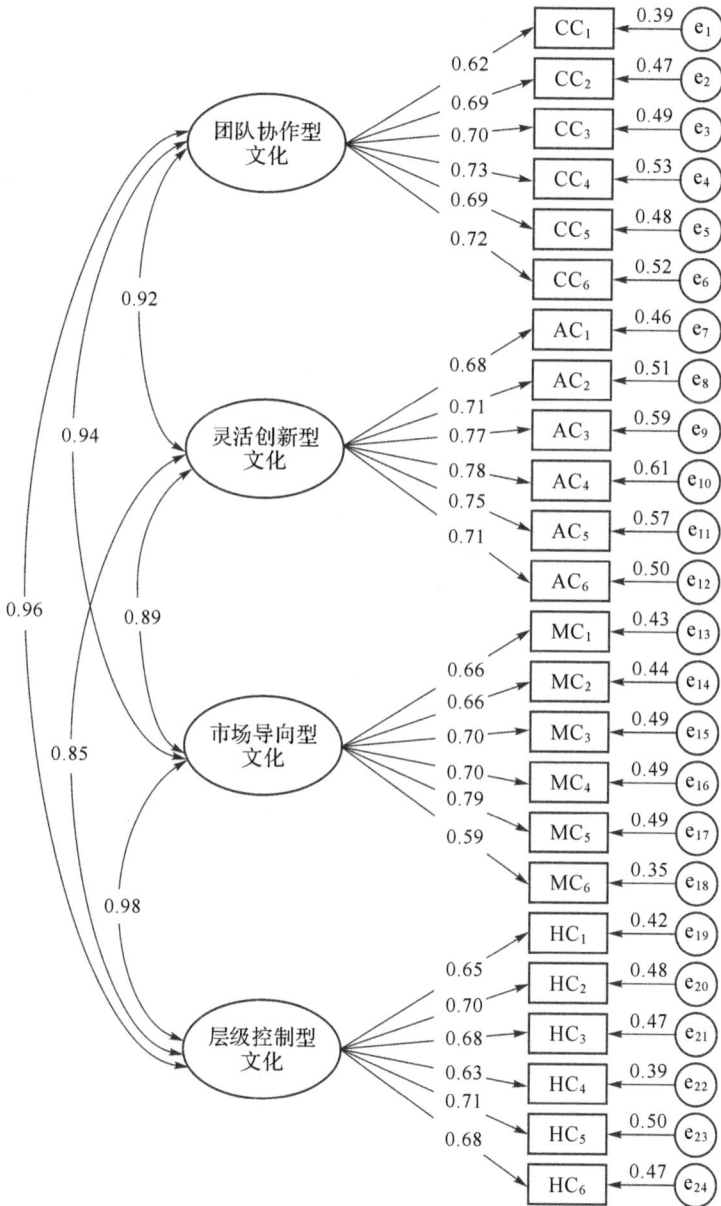

图 5.1 建设项目组织文化的验证性因子分析模型

注:SEM 分析中,e 代表误差项。

本书采用 AMOS 21.0 统计分析软件进行验证性因子分析，并且选取 χ^2/df、RMSEA、GFI、NFI、TLI 和 CFI 指标进行模型拟合的验证，具体的模型拟合结果如表 5.6 所示。

表 5.6　建设项目组织文化的验证性因子分析模型拟合结果

模型检验量	χ^2/df	RMSEA	NFI	TLI	CFI	GFI
检验结果	2.994	0.058	0.914	0.931	0.941	0.904
拟合判断	是	是	是	是	是	是

从表 5.6 来看，建设项目组织文化的验证性因子分析模型拟合指数均优于判断标准值，表明建设项目组织文化测量模型拟合良好，并验证了其四维结构模型，即建设项目组织文化包含团队协作型文化、灵活创新型文化、市场导向型文化和层级控制型文化四个维度。

本书利用 AMOS 21.0 统计分析软件验证建设项目组织文化维度结构的适切性，具体的验证性因子分析模型拟合结果如表 5.7 所示。

表 5.7　建设项目组织文化的验证性因子分析模型拟合结果

量表题项	标准化因子负荷	标准误(S.E.)	临界比(C.R.)	CR	AVE
CC_1	0.621***	—	—		
CC_2	0.686***	0.072	14.300***		
CC_3	0.702***	0.073	14.536***	0.85	0.50
CC_4	0.730***	0.078	14.982***		
CC_5	0.695***	0.073	14.425***		
CC_6	0.721***	0.078	14.859***		
AC_1	0.675***	—	—		
AC_2	0.713***	0.066	15.863***		
AC_3	0.767***	0.071	16.873***	0.88	0.54
AC_4	0.779***	0.071	17.110***		
AC_5	0.753***	0.070	16.632***		
AC_6	0.709***	0.072	15.783***		

量表题项	标准化因子负荷	标准误(S. E.)	临界比(C. R.)	CR	AVE
MC_1	0.656***	—	—		
MC_2	0.665***	0.063	14.578***		
MC_3	0.699***	0.070	15.212***	0.83	0.49
MC_4	0.699***	0.068	15.212***		
MC_5	0.700***	0.073	15.250***		
MC_6	0.593***	0.075	13.219***		
HC_1	0.649***	—	—		
HC_2	0.695***	0.069	14.997***		
HC_3	0.682***	0.067	14.771***	0.83	0.50
HC_4	0.626***	0.068	13.722***		
HC_5	0.709***	0.067	15.241***		
HC_6	0.684***	0.071	14.795***		

注:*** 表示 $p < 0.001$。

从表 5.7 来看,建设项目组织文化所有维度的 CR 均大于 0.7,团队协作型文化、灵活创新型文化和层级控制型文化的 AVE 大于等于 0.5,市场导向型文化的 AVE 接近 0.5,表明建设项目组织文化四个维度的组合信度和聚合效度均满足 SEM 分析要求。

二、项目良性组织行为的验证性因子分析

项目良性组织行为由五个潜在变量构成,分别是项目忠诚、利他行为、项目服从、人际和谐和积极主动,其中项目服从有五个测量指标,而其他三个潜在变量均有四个测量指标。验证性因子分析模型如图 5.2 所示。

从图 5.2 来看,项目良性组织行为验证性因子分析模型同时满足模型识别的三个条件,潜在变量之间以及潜在变量与观察变量之间的所有标准化因子负荷均达到显著水平,因此模型是可识别的。潜在变量之间的相关系数均在 0.7 以上,显示四个潜在变量间存在另一个更高阶的共同因子。

本书采用 AMOS 21.0 统计分析软件进行验证性因子分析,并且选取 χ^2/df、RMSEA、GFI、NFI、TLI 和 CFI 指标进行模型拟合的验证,具体的模

型拟合结果如表 5.8 所示。

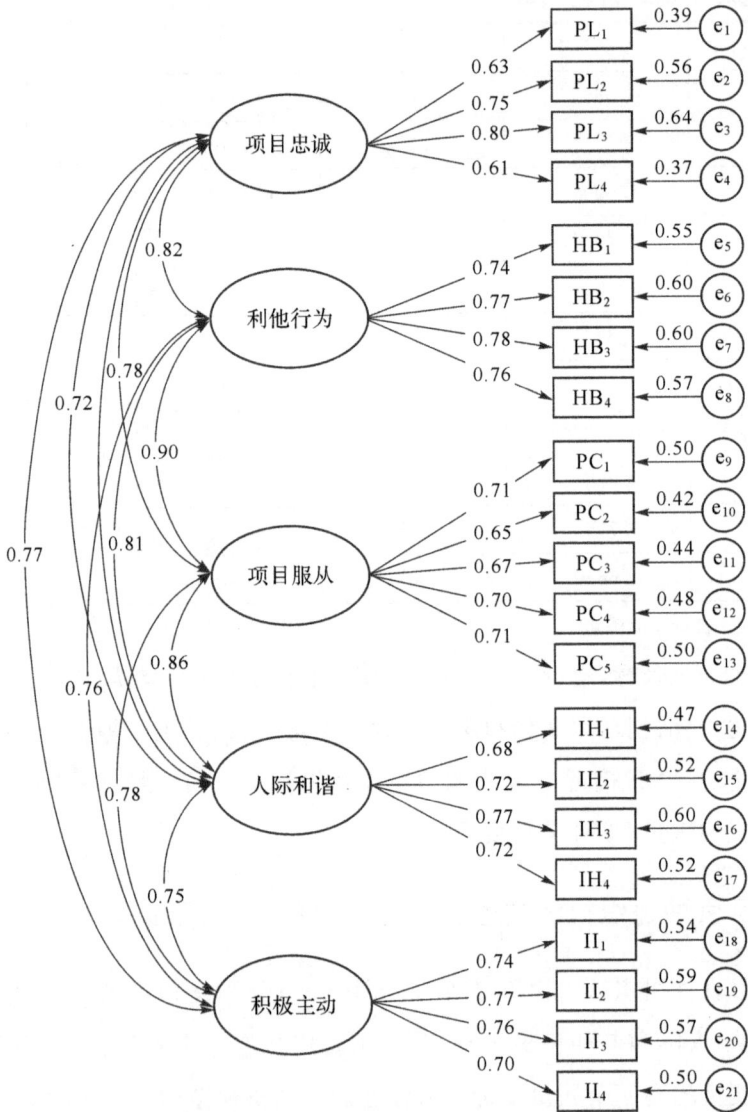

图 5.2 项目良性组织行为的验证性因子分析模型

注:SEM 分析中,e 代表误差项。

表 5.8 项目良性组织行为的验证性因子分析模型拟合结果

模型检验量	χ^2/df	RMSEA	NFI	TLI	CFI	GFI
检验结果	3.353	0.063	0.914	0.925	0.937	0.915
拟合判断	是	是	是	是	是	是

从表 5.8 来看,项目良性组织行为的验证性因子分析模型拟合指数均优于判断标准值,表明项目良性组织行为的测量模型拟合良好,并验证了项目良性组织行为五维结构模型假设,即项目良性组织行为包含项目忠诚、利他行为、项目服从、人际和谐和积极主动五个维度。

本书利用 AMOS 21.0 统计分析软件验证项目良性组织行为维度结构的适切性,具体的验证性因子分析模型拟合结果如表 5.9 所示。

表 5.9 项目良性组织行为的验证性因子分析模型拟合结果

量表题项	标准化因子负荷	标准误(S. E.)	临界比(C. R.)	CR	AVE
PL_1	0.626***	—	—	0.79	0.51
PL_2	0.748***	0.085	14.489***		
PL_3	0.798***	0.085	15.109***		
PL_4	0.607***	0.078	12.382***		
HB_1	0.740***	—	—	0.85	0.58
HB_2	0.773***	0.049	22.193***		
HB_3	0.776***	0.066	18.382***		
HB_4	0.758***	0.065	17.954***		
PC_1	0.707***	—	—	0.82	0.48
PC_2	0.649***	0.057	14.831***		
PC_3	0.666***	0.066	15.203***		
PC_4	0.695***	0.058	15.768***		
PC_5	0.709***	0.060	16.081***		
IH_1	0.682***	—	—	0.82	0.53
IH_2	0.723***	0.060	15.559***		
IH_3	0.773***	0.063	16.463***		
IH_4	0.723***	0.066	15.562***		

续表

量表题项	标准化因子负荷	标准误(S. E.)	临界比(C. R.)	CR	AVE
II_1	0.736***	—	—		
II_2	0.767***	0.057	17.474***		
II_3	0.757***	0.058	17.079***	0.83	0.55
II_4	0.705***	0.058	15.862***		

注:*** 表示 $p < 0.001$。

从表 5.9 来看,项目良性组织行为所有维度的 CR 均大于 0.7,项目忠诚、利他行为、人际和谐和积极主动 AVE 大于 0.5,项目服从的 AVE 接近 0.5,表明项目良性组织行为五个维度的组合信度和聚合效度均满足 SEM 分析要求。

三、项目绩效的验证性因子分析

项目绩效潜在变量有八个测量指标,验证性因子分析模型如图 5.3 所示。

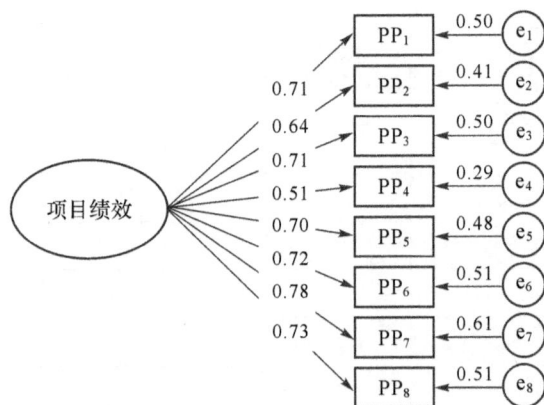

图 5.3 项目绩效的验证性因子分析模型

注:SEM 分析中,e 代表误差项。

从图 5.3 来看,项目绩效验证性因子分析模型同时满足模型识别的三个条件,潜在变量与观察变量之间的所有标准化因子负荷均达到显著水平,因此模型是可识别的。

本书采用 AMOS 21.0 统计分析软件进行验证性因子分析,并且选取

χ^2/df、RMSEA、GFI、NFI、TLI 和 CFI 指标进行模型拟合的验证,具体的模型拟合结果如表 5.10 所示。

表 5.10 项目绩效的验证性因子分析模型拟合结果

模型检验量	χ^2/df	RMSEA	NFI	TLI	CFI	GFI
检验结果	3.709	0.067	0.971	0.966	0.978	0.974
拟合判断	是	是	是	是	是	是

从表 5.10 来看,项目绩效验证性因子分析模型拟合指数均优于判断标准值,表明项目绩效测量模型拟合良好。

本书利用 AMOS 21.0 统计分析软件验证项目绩效维度的适切性,具体的验证性因子分析模型拟合结果如表 5.11 所示。

表 5.11 项目绩效的验证性因子分析模型拟合结果

测量题项	标准化因子负荷	标准误(S. E.)	临界比(C. R.)	CR	AVE
PP_1	0.709 ***	—	—		
PP_2	0.644 ***	0.046	19.276 ***		
PP_3	0.709 ***	0.057	15.751 ***		
PP_4	0.537 ***	0.054	12.099 ***	0.88	0.51
PP_5	0.696 ***	0.052	15.493 ***		
PP_6	0.717 ***	0.058	15.922 ***		
PP_7	0.784 ***	0.059	17.091 ***		
PP_8	0.731 ***	0.057	15.984 ***		

注: *** 表示 $p < 0.001$。

从表 5.11 来看,项目绩效的 CR 大于 0.7,AVE 大于 0.5,表明项目绩效的组合信度和聚合效度均满足 SEM 分析要求。

第四节　模型分析与研究结果

一、建设项目组织文化对项目绩效的影响

根据既有文献研究的理论基础和对深度访谈结果的分析,本书提出以下假设。

H_1:建设项目组织文化对项目绩效有正向影响。

建设项目组织文化对项目绩效的影响模型如图 5.4 所示。

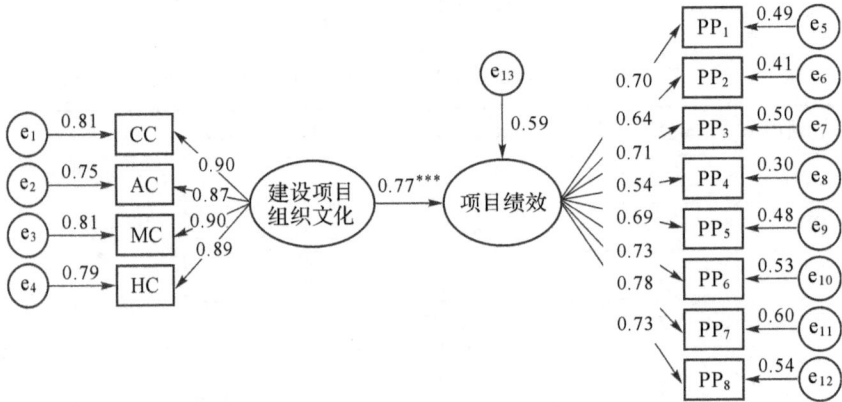

图 5.4　建设项目组织文化对项目绩效的影响模型

注:*** 表示 $p<0.001$。SEM 分析中,e 代表误差项。

从图 5.4 来看,建设项目组织文化对项目绩效的影响模型中潜在变量之间以及潜在变量与观察变量之间的所有标准化因子负荷均达到显著水平,因此模型是可识别的。建设项目组织文化对项目绩效的影响模型拟合结果如表 5.12 所示。

表 5.12　建设项目组织文化对项目绩效的影响模型拟合结果

模型检验量	χ^2/df	RMSEA	NFI	TLI	CFI	GFI
检验结果	3.721	0.067	0.961	0.963	0.971	0.950
拟合判断	是	是	是	是	是	是

从表 5.12 来看,建设项目组织文化对项目绩效的影响模型拟合指数均优于判断标准值,表明整体上模型拟合良好,并验证建设项目组织文化对项目绩效具有显著的正向影响作用,H_1 得到支持。

虽然本书验证了建设项目组织文化对项目绩效具有显著的正向影响作用,但是仍有必要进一步探讨四种文化类型分别对项目绩效存在何种影响作用。本书将进一步验证建设项目组织文化与项目绩效的结构关系,以揭示不同文化类型分别对项目绩效的影响差异。建设项目组织文化与项目绩效的结构关系模型以及模型拟合结果如表 5.13 和图 5.5 所示。

表 5.13　建设项目组织文化与项目绩效的结构关系模型拟合结果

模型检验量	χ^2/df	RMSEA	NFI	TLI	CFI	GFI
检验结果	4.928	0.087	0.839	0.850	0.871	0.870
拟合判断	是	是	否	否	是	是

表 5.13 和图 5.5 显示:从绝对拟合指标来看,RMSEA 为 0.087,接近判断标准值 0.08。从相对拟合指标来看,NFI 为 0.839,接近判断标准值 0.85。因此,整体上,模型拟合程度可以接受,建设项目组织文化整体上对项目绩效存在显著的正向影响,但是不同的文化类型对项目绩效的影响程度有所不同。

团队协作型文化对项目绩效具有显著的正向影响作用(标准化路径系数 $\beta=0.34$,$p<0.001$),H_{1-1} 得到支持;

灵活创新型文化对项目绩效的正向影响很小,并且也不显著(标准化路径系数 $\beta=0.04$,$p>0.05$),H_{1-2} 仅得到部分支持;

市场导向型文化对项目绩效具有显著的正向影响作用(标准化路径系数 $\beta=0.34$,$p<0.001$),H_{1-3} 得到支持;

层级控制型文化对项目绩效具有显著的正向影响作用(标准化路径系数 $\beta=0.33$,$p<0.001$),H_{1-4} 得到支持。

在不同的组织文化类型中,团队协作型和市场导向型文化对项目绩效的影响作用最大。Thomas et al.(2002)通过对澳大利亚的建设项目实证研究发现,团队文化与更高的项目质量相关,市场文化与较低的项目质量相

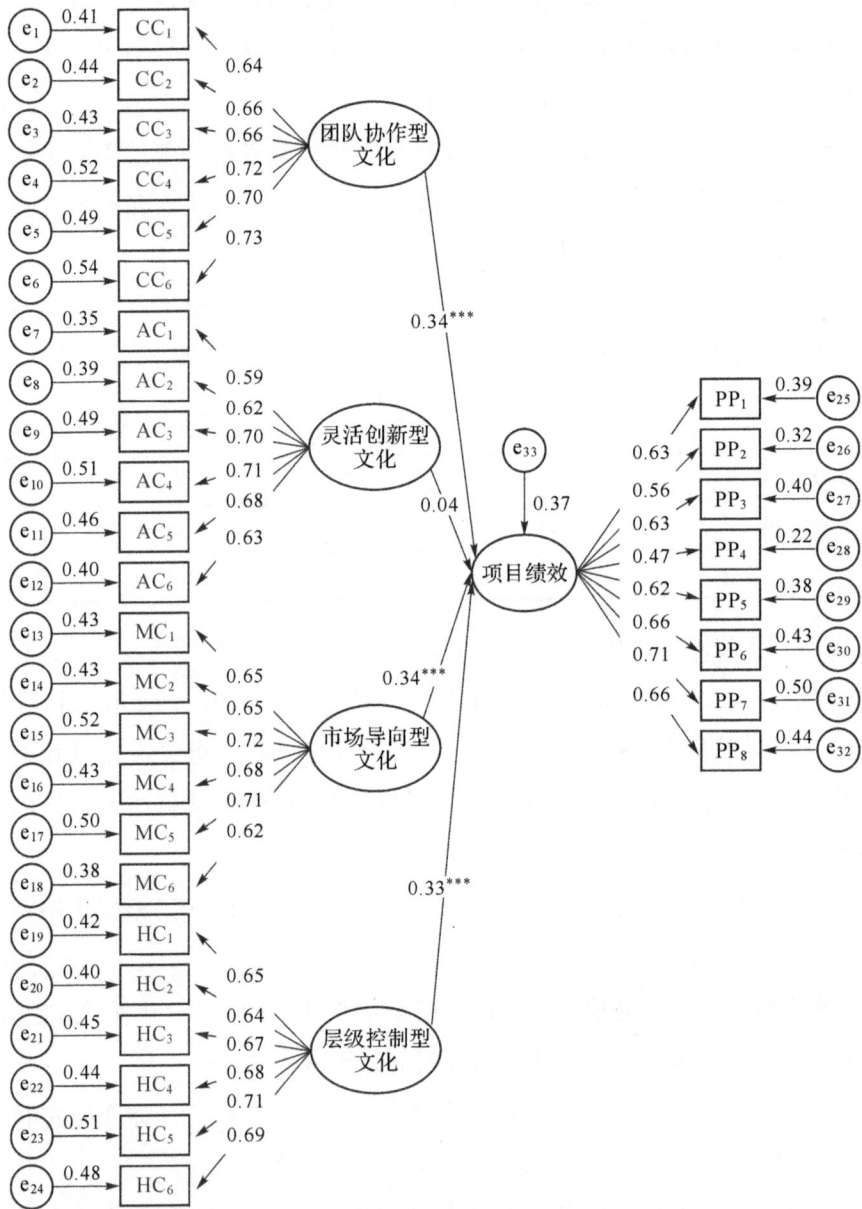

图 5.5 建设项目组织文化与项目绩效的结构关系模型

注:*** 表示 $p < 0.001$。SEM 分析中,e 代表误差项。

关。本书的研究结论部分支持其研究成果,对于中国情境下的工程项目,团队协作型文化对项目绩效有较大的正向影响作用,不过市场导向型文化对项目绩效的正向影响作用较小。Aronson and Lechler(2009)基于美国不同行业项目组织的实证研究认为,建设性文化特质会对项目成功产生直接的积极影响。建设性文化特质强调团队合作与内部凝聚力,类似于团队协作型文化,本书的研究结论也认为团队协作型文化会对项目绩效产生较大的正向影响作用。Shore(2008)基于美国不同行业失败项目的案例研究发现,失败的项目通常与强调内部关注和稳定的项目组织文化高度相关,这与本书的研究结论存在矛盾,原因可能在于其所选择的失败项目均是美国宇航局、微软公司等重大创新项目,而国内建设项目普遍存在创新动力不足和人员素质不高的现象。Yazici(2009,2011)基于美国的不同行业项目组织文化的研究认为,灵活文化对项目绩效没有影响,本书的研究结论有相似之处,相比于其他三种文化类型,灵活创新型文化对项目绩效的影响最小。

二、项目良性组织行为对项目绩效的影响

根据相关文献梳理的理论基础和对深度访谈结果的分析,本书提出以下假设。

H_7:项目良性组织行为对项目绩效有正向影响。

项目良性组织行为对项目绩效的影响模型如图 5.6 所示。从图 5.6 来看,项目良性组织行为对项目绩效的影响模型中潜在变量之间以及潜在变量与观察变量之间的所有标准化因子负荷均达到显著水平,因此模型是可识别的。项目良性组织行为对项目绩效的影响模型拟合结果如表 5.14 所示。

表 5.14 项目良性组织行为对项目绩效的影响模型拟合结果

模型检验量	χ^2/df	RMSEA	NFI	TLI	CFI	GFI
检验结果	2.511	0.050	0.966	0.974	0.979	0.962
拟合判断	是	是	是	是	是	是

从表 5.14 来看,项目良性组织行为对项目绩效的影响模型拟合指数均

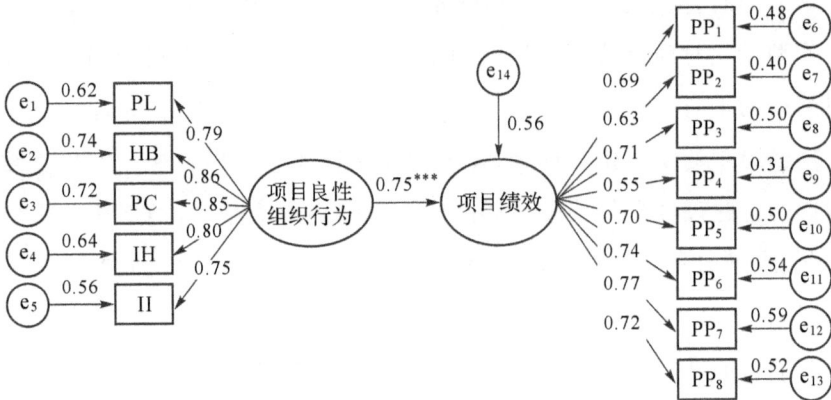

图 5.6　项目良性组织行为对项目绩效的影响模型

注：*** 表示 $p < 0.001$。SEM 分析中，e 代表误差项。

优于判断标准值，表明整体上模型拟合良好，并验证了项目良性组织行为对项目绩效具有显著的正向影响作用，H_7 得到支持。

　　虽然本书验证了项目良性组织行为对项目绩效具有显著的正向影响作用，但是仍有必要进一步探讨项目良性组织行为的不同维度分别对项目绩效存在何种影响作用。本书将进一步验证两者之间的结构关系，以揭示项目良性组织行为各个维度对项目绩效的影响差异。相关的结构关系模型以及模型拟合结果如表 5.15 和图 5.7 所示。

表 5.15　项目良性组织行为与项目绩效的结构关系模型拟合结果

模型检验量	χ^2/df	RMSEA	NFI	TLI	CFI	GFI
检验结果	4.971	0.084	0.833	0.842	0.863	0.843
适配判断	是	是	否	是	是	是

　　从绝对拟合指标来看，RMSEA 为 0.084，接近判断标准值 0.08。从相对拟合指标来看，NFI 为 0.833，接近判断标准值 0.85。因此，整体上，模型拟合程度可以接受，项目良性组织行为整体上对项目绩效存在显著的正向影响，但是项目良性组织行为的不同维度对项目绩效的影响程度有所不同。

　　项目忠诚对项目绩效具有显著的正向影响作用（标准化路径系数 $\beta = 0.38$，$p < 0.001$），H_{7-1} 得到支持；

　　利他行为对项目绩效的影响虽然是正向的，但是不显著（标准化路径系

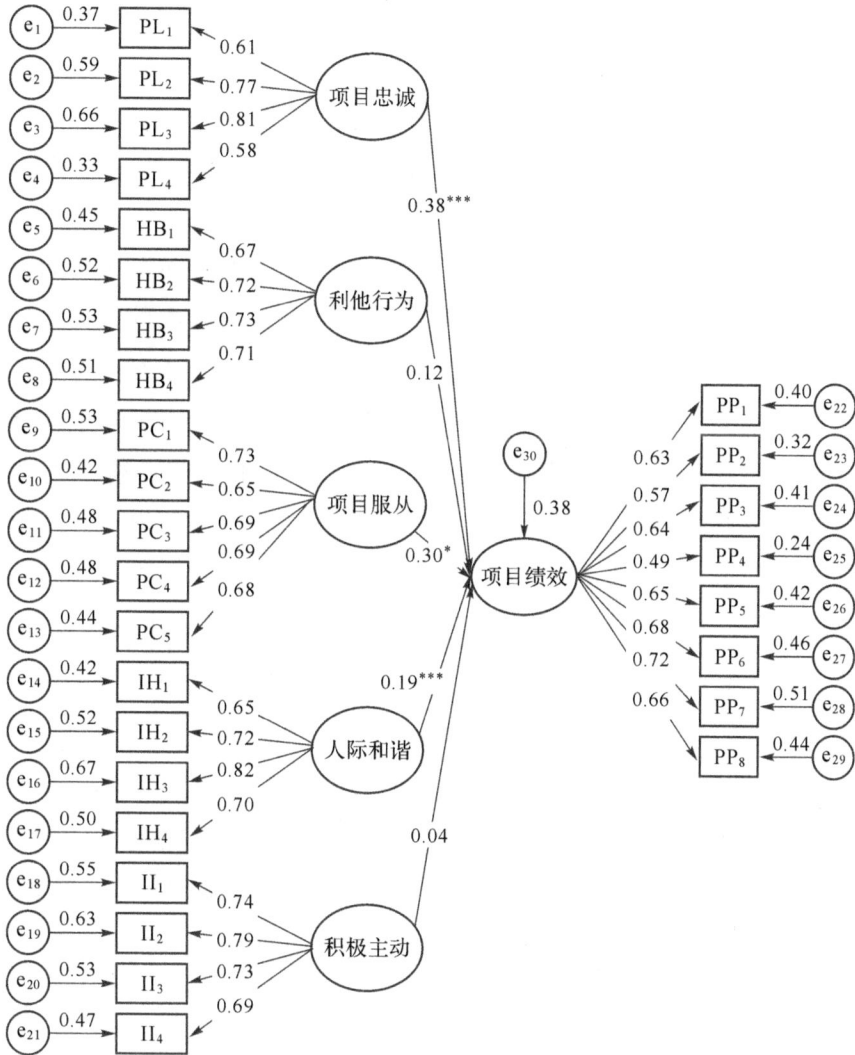

图 5.7　项目良性组织行为与项目绩效的结构关系模型

注：** 表示 $p < 0.05$，*** 表示 $p < 0.001$。SEM 分析中，e 代表误差项。

数 $\beta = 0.12, p > 0.05$），H_{7-2} 仅得到部分支持；

　　项目服从对项目绩效具有显著的正向影响作用（标准化路径系数 $\beta = 0.30, p < 0.05$），H_{7-3} 得到支持；

　　人际和谐对项目绩效具有显著的正向影响作用（标准化路径系数 $\beta = 0.19, p < 0.001$），H_{7-4} 得到支持；

积极主动对项目绩效的影响虽然是正向的，但是不显著（标准化路径系数 $\beta=0.04$，$p>0.05$），H_{7-5} 仅得到部分支持。

项目忠诚和项目服从对项目绩效具有最大的正向影响作用。Braun et al.(2013)基于 IT 开发、影视制作、建设项目等项目组织的研究发现，项目忠诚和项目服从会对项目效能产生显著的正向影响作用，本书的研究结论支持其研究成果，这也表明在国内建设项目中促进团队成员的项目忠诚行为更有助于提高项目绩效。利他行为对项目绩效有较大的正向影响作用。Aronson and Lechler(2009)基于美国不同行业项目组织的实证研究发现，项目参与方的帮助行为有利于项目团队共同解决问题并且顺利完成任务，从而实现项目成功。本书的研究结论完全支持上述研究成果，即中国建设项目情境下利他行为会对项目绩效产生较大的正向影响作用。人际和谐对项目绩效具有较大的正向影响作用。Braun et al.(2013)基于不同行业的项目组织研究发现，关系维护对项目效能会产生显著的正向影响作用。尽管人际和谐涵盖的范围要远远大于关系维护行为，本书的研究结论也支持其研究成果，即中国情境下建设项目中维护人际和谐会对项目绩效产生较大的正向影响作用。积极主动对项目绩效的正向影响作用均很小并且也不显著。Braun et al.(2013)通过实证研究发现，个人主动性的行为对项目效能的正向影响作用均不显著，本书的研究结论也完全支持其研究成果。

三、建设项目组织文化对项目良性组织行为的影响

根据有限的国内外文献研究的理论基础和对深度访谈结果的分析，本书提出以下假设。

H_2：建设项目组织文化对项目良性组织行为有正向影响。

建设项目组织文化对项目良性组织行为的影响模型如图 5.8 所示。

从图 5.8 来看，建设项目组织文化对项目良性组织行为的影响模型中潜在变量之间以及潜在变量与观察变量之间的所有标准化因子负荷均达到显著水平，因此模型是可识别的。建设项目组织文化对项目良性组织行为的影响模型拟合结果如表 5.16 所示。

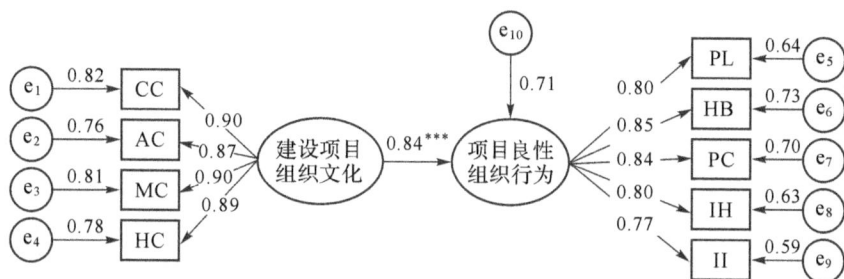

图 5.8　建设项目组织文化对项目良性组织行为的影响模型

注：*** 表示 $p < 0.001$。SEM 分析中，e 代表误差项。

表 5.16　建设项目组织文化对项目良性组织行为的影响模型拟合结果

模型检验量	χ^2/df	RMSEA	NFI	TLI	CFI	GFI
检验结果	4.930	0.088	0.968	0.964	0.974	0.949
拟合判断	是	是	是	是	是	是

从表 5.16 来看，建设项目组织文化对项目良性组织行为的影响模型拟合指数均优于判断标准值，表明整体上模型拟合良好，并验证了建设项目组织文化对项目良性组织行为具有显著的正向影响作用，H_2 得到支持。

尽管建设项目组织文化对项目良性组织行为具有显著的正向影响得到验证，但是仍有必要进一步探讨不同的项目组织文化类型分别对项目良性组织行为的影响差异。本书将进一步验证建设项目组织文化与项目良性组织行为的结构关系，以揭示不同的项目组织文化类型分别如何影响项目良性组织行为。建设项目组织文化与项目良性组织行为的结构关系模型以及模型拟合结果如表 5.17 和图 5.9 所示。

表 5.17　建设项目组织文化与项目良性组织行为的结构关系模型拟合结果

模型检验量	χ^2/df	RMSEA	NFI	TLI	CFI	GFI
检验结果	4.002	0.071	0.836	0.868	0.881	0.858
拟合判断	是	是	否	是	是	是

从相对拟合指标来看，NFI 为 0.836，接近判断标准值 0.85，因此，整体上，模型拟合程度可以接受，建设项目组织文化整体上对项目良性组织行为存在显著的正向影响，但是不同文化类型对项目良性组织行为的影响程度

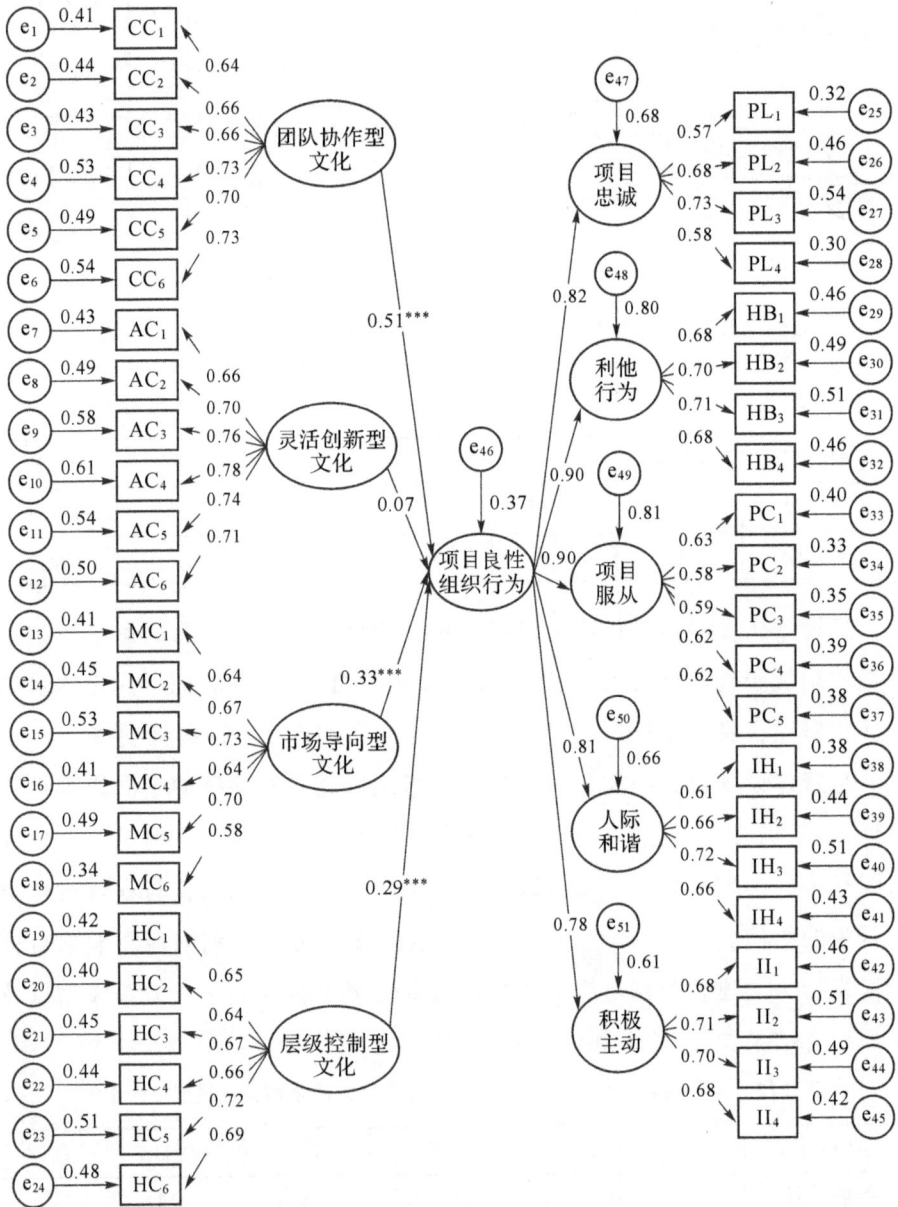

图 5.9 建设项目组织文化与项目良性组织行为的结构关系模型

注：*** 表示 $p < 0.001$。SEM 分析中，e 代表误差项。

有所不同。

团队协作型文化对项目良性组织行为具有显著的正向影响作用(标准化路径系数 $\beta=0.51$, $p<0.001$), H_3 得到支持;

灵活创新型文化对项目良性组织行为的正向影响很小,而且也不显著(标准化路径系数 $\beta=0.07$, $p>0.05$), H_4 仅得到部分支持;

市场导向型文化对项目良性组织行为具有显著的正向影响作用(标准化路径系数 $\beta=0.33$, $p<0.001$), H_5 得到支持;

层级控制型文化对项目良性组织行为具有显著的正向影响作用(标准化路径系数 $\beta=0.29$, $p<0.001$), H_6 得到支持。

根据相关文献梳理的理论基础和对深度访谈结果的分析,项目良性组织行为在不同类型的项目组织文化之下有显著差异。因此,本书将进一步验证建设项目组织文化对项目良性组织行为不同维度的影响。建设项目组织文化对项目良性组织行为影响的验证性因子分析模型以及模型拟合结果如表 5.18 和图 5.10 所示。

表 5.18 建设项目组织文化对项目良性组织行为影响的验证性因子分析结果

模型检验量	χ^2/df	RMSEA	NFI	TLI	CFI	GFI
检验结果	2.703	0.053	0.849	0.891	0.900	0.835
拟合判断	是	是	是	是	是	否

从绝对拟合指标来看,GFI 为 0.835,接近判断标准值 0.85。因此,整体上,模型拟合程度可以接受,建设项目组织文化整体上对项目良性组织行为具有显著的正向影响,但是建设项目组织文化对项目良性组织行为不同维度的影响程度存在差异。

建设项目组织文化对项目忠诚具有显著的正向影响作用(标准化路径系数 $\beta=0.85$, $p<0.001$), H_{2-1} 得到支持;

建设项目组织文化对利他行为具有显著的正向影响作用(标准化路径系数 $\beta=0.84$, $p<0.001$), H_{2-2} 得到支持;

建设项目组织文化对项目服从具有显著的正向影响作用(标准化路径系数 $\beta=0.82$, $p<0.001$), H_{2-3} 得到支持;

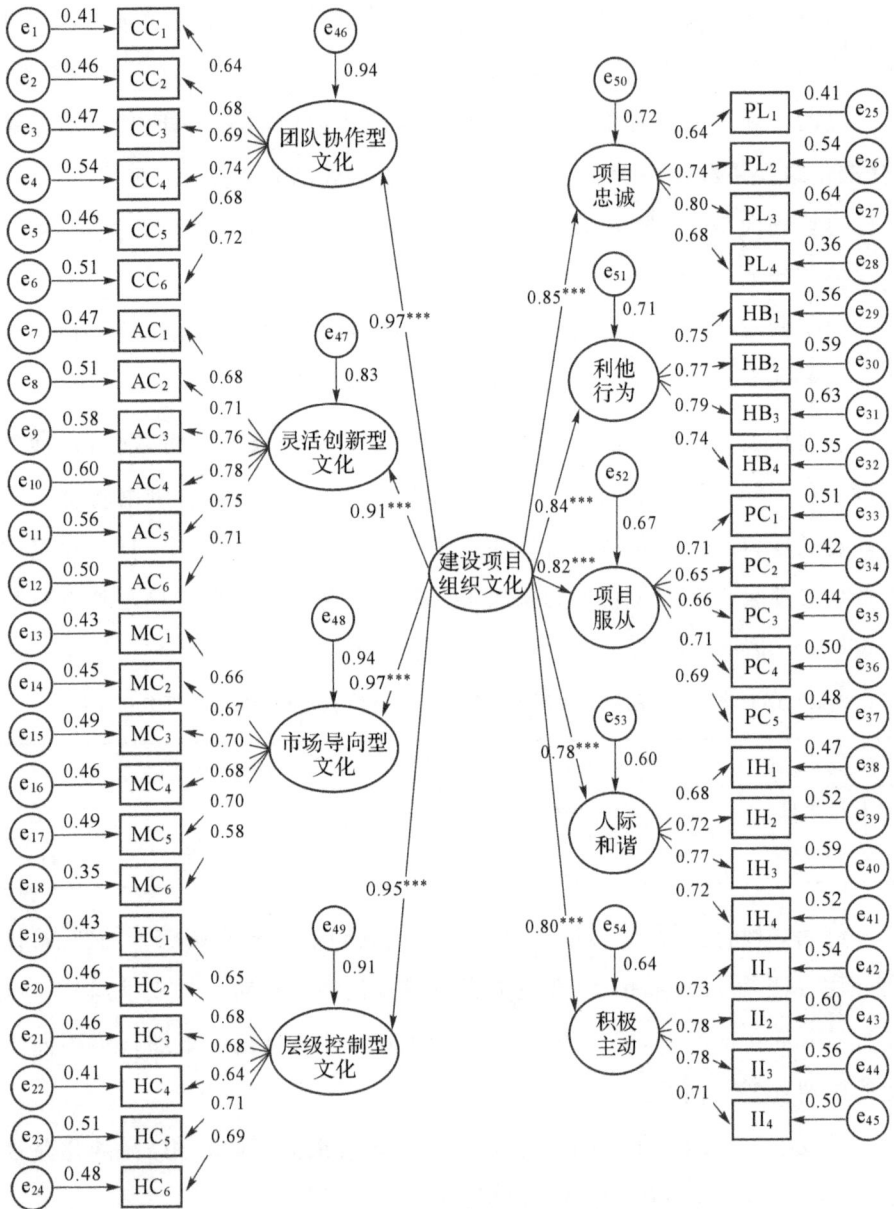

图 5.10　建设项目组织文化对项目良性组织行为影响的验证性因子分析模型

注：*** 表示 $p < 0.001$。SEM 分析中，e 代表误差项。

建设项目组织文化对人际和谐具有显著的正向影响作用(标准化路径系数 $\beta = 0.78$,$p < 0.001$),H_{2-4} 得到支持;

建设项目组织文化对积极主动具有显著的正向影响作用(标准化路径系数 $\beta = 0.80$,$p < 0.001$),H_{2-5} 得到支持。

为了更准确地考查各变量之间的影响关系,必须具体地分析不同变量之间的关系,尤其需要揭示因存在相互矛盾的影响作用,变量之间影响力削弱的情况,而回归分析的方法有助于深入剖析各变量之间影响的大小和方向。因此,本书采用多元回归分析法,进一步探讨不同文化类型对项目良性组织行为不同维度的影响作用,选取如下指标进行判断:(1)通过标准化回归系数 β 来判断自变量对因变量的影响程度。β 的绝对值愈大,表明自变量对因变量的影响愈大;β 为正值,表明自变量对因变量有正向影响。(2)通过调整后的 R^2 来表明自变量对因变量变异的解释程度。Edwards and Bagozzi(2000)认为,当调整后的 R^2 大于 0.5 时,表明变量之间存在显著的相关关系,模型的拟合度较高。(3)通过 F 来检验回归模型对数据的拟合程度。当 F 很大并且 p 检验显著时,自变量与因变量之间存在线性关系,整体上回归模型显著。(4)通过共线性统计量容忍度及 VIF 检验多元回归分析是否有多元共线性问题。容忍度值愈接近 0 或 VIF 大于 10,表明变量间有线性重合问题。建设项目组织文化与项目良性组织行为的回归分析结果见表 5.19。

表 5.19 建设项目组织文化对项目良性组织行为影响的多元回归分析结果

自变量	项目忠诚	利他行为	项目服从	人际和谐	积极主动
团队协作型文化	0.248***	0.338***	0.192**	0.312***	0.095*
灵活创新型文化	0.080	0.146**	0.145*	0.050	0.314***
市场导向型文化	0.230***	0.096	0.187**	0.159*	0.254***
层级控制型文化	0.201***	0.167**	0.184**	0.069	0.049
调整后 R^2	0.489	0.475	0.421	0.407	0.434
F	144.859***	136.707***	110.314***	104.244***	116.215***

注:* 表示 $p < 0.05$,** 表示 $p < 0.01$,*** 表示 $p < 0.001$。

从整体回归模型调整后的 R^2 来看，四种文化类型可以解释 48.9% 的项目忠诚方差、47.5% 的利他行为方差、42.1% 的项目服从方差、40.7% 的人际和谐方差、43.4% 的积极主动方差，说明建设项目组织文化对项目良性组织行为有较高的解释能力；从整体回归模型的 F 来看，F 很大并且显著性检验 p 小于临界值 0.001，说明建设项目组织文化与项目良性组织行为之间存在着线性关系，再次验证建设项目组织文化对项目良性组织行为具有显著的正向影响作用；从整体回归模型的容忍度及 VIF 来看，四种文化类型的容忍度值均在 0.25 附近，未达到临界值 0.1，VIF 均在 4.50 以下，小于临界值 10，说明进入回归模型的自变量间多元共线性的问题不是很明显。

从整体回归模型的标准化回归系数 β 来看，每种文化类型对项目良性组织行为不同维度的影响程度有所不同。

团队协作型文化对项目忠诚、利他行为、项目服从、人际和谐和积极主动五个维度均起到显著的正向影响作用（$\beta_{3-1} = 0.248, p < 0.001; \beta_{3-2} = 0.338, p < 0.001; \beta_{3-3} = 0.192, p < 0.01; \beta_{3-4} = 0.312, p < 0.001; \beta_{3-5} = 0.095, p < 0.05$）。因此，$H_{3-1}$、$H_{3-2}$、$H_{3-3}$、$H_{3-4}$、$H_{3-5}$ 全部得到支持。

灵活创新型文化对利他行为、项目服从和积极主动起到显著的正向影响作用（$\beta_{4-2} = 0.146, p < 0.01; \beta_{4-3} = 0.145, p < 0.05; \beta_{4-5} = 0.314, p < 0.001$），对项目忠诚和人际和谐的正向影响作用并不显著（$\beta_{4-1} = 0.080, p > 0.05; \beta_{4-2} = 0.050, p > 0.05$）。因此，$H_{4-2}$、$H_{4-3}$、$H_{4-5}$ 得到支持，H_{4-1}、H_{4-2} 仅得到部分支持。

市场导向型文化对项目忠诚、项目服从、人际和谐和积极主动起到显著的正向影响作用（$\beta_{5-1} = 0.230, p < 0.001; \beta_{5-3} = 0.187, p < 0.01; \beta_{5-4} = 0.159, p < 0.05; \beta_{5-5} = 0.254, p < 0.001$），对利他行为的正向影响作用并不显著（$\beta_{5-2} = 0.096, p > 0.05$）。因此，$H_{5-1}$、$H_{5-3}$、$H_{5-4}$、$H_{5-5}$ 得到支持，H_{5-2} 仅得到部分支持。

层级控制型文化对项目忠诚、利他行为、项目服从起到显著的正向影响作用（$\beta_{6-1} = 0.201, p < 0.001; \beta_{6-2} = 0.167, p < 0.01; \beta_{6-3} = 0.184, p < 0.01$），对人际和谐和积极主动的正向影响作用并不显著（$\beta_{6-4} = 0.069, p > 0.05; \beta_{6-5} = 0.049, p > 0.05$）。因此，$H_{6-1}$、$H_{6-2}$、$H_{6-3}$ 得到支持，H_{6-4}、H_{6-5} 仅得到部

分支持。

团队协作型文化对项目忠诚、利他行为、项目服从和人际和谐的正向影响作用最大,不过对积极主动的正向影响作用较小。Aronson and Lechler (2009)基于美国的新产品开发、IT 项目和工程项目的实证研究发现,项目组织文化能够培养和促进项目成员的良性组织行为,其中建设性文化特质对项目良性组织行为的帮助行为、公民道德和运动家精神三个维度均具有显著的正向影响,由于其强调团队合作与内部凝聚力类似于团队协作型文化,本书的研究结论也认为相比于其他三种文化类型,团队协作型文化对项目良性组织行为五个维度均具有显著的正向影响,尤其对项目忠诚、利他行为、项目服从、人际和谐的正向影响作用最大。

灵活创新型文化对积极主动的正向影响作用最大。强调创新的项目组织文化,更容易激发项目团队成员的创造力和主动性行为,从而有利于实现项目的技术或管理创新。

市场导向型文化对项目服从和积极主动具有较大的正向影响作用。在以任务完成和结果为导向的项目组织文化中,需要项目团队成员能够自觉服从项目的各项规定和指令。同时,项目目标完成通常会与项目团队的直接利益相关,从而促进团队成员的主动性行为。

层级控制型文化对项目忠诚和项目服从具有较大的正向影响作用。强调效率和控制的项目组织文化,不仅需要项目团队成员表现出较强的项目认同感,而且要求项目团队成员能够严格按照规章制度和项目流程来完成工作,从而保证项目目标的实现。

四、项目良性组织行为的中介效应分析

中介变量最重要的作用是验证理论并找出理论的过程变量,通常可以分为完全中介变量和部分中介变量两类(罗胜强和姜嬿,2014)。为了验证项目良性组织行为在建设项目组织文化与项目绩效之间的中介效应,本书采用 Baron and Kenny(1986)的方法,具体有如下四个步骤:(1)中介变量对自变量进行回归分析,回归系数要达到显著水平;(2)因变量对中介变量进行回归分析,回归系数要达到显著水平;(3)因变量对自变量进行回归分析,

回归系数要达到显著水平；(4)因变量同时对自变量和中介变量进行回归分析，中介变量的回归系数要达到显著水平，自变量的回归系数要相应减小。如果自变量的回归系数减小到不显著，则说明中介变量起到完全中介作用；如果自变量的回归系数减小，但是仍达到显著水平，则说明中介变量起到部分中介作用。同时，为了进一步检验中介模型的显著性，根据Preacher et al.(2007)有关间接效应的检验方法，本书将采用具有较高统计效力的拔靴法估计(bootstrap estimate)验证项目良性组织行为的中介作用。

根据前述的 SEM 分析，本书已经进行了建设项目组织文化（自变量）对项目良性组织行为（中介变量）的影响分析，项目良性组织行为（中介变量）对项目绩效（因变量）的影响分析，建设项目组织文化（自变量）对项目绩效（因变量）的影响分析，分析结果是自变量显著影响中介变量，中介变量显著影响因变量，自变量显著影响因变量。因此，还要进行第四步来确定项目良性组织行为在建设项目组织文化与项目绩效之间影响关系的中介作用。项目良性组织行为中介效应的整体模型以及模型拟合结果如表 5.20 和图 5.11 所示。

表 5.20　项目良性组织行为中介效应的整体模型拟合结果

模型检验量	χ^2/df	RMSEA	NFI	TLI	CFI	GFI
检验结果	2.961	0.057	0.955	0.964	0.970	0.936
拟合判断	是	是	是	是	是	是

表 5.20 和图 5.11 显示，整体上模型拟合程度较高。在整体模型中，建设项目组织文化与项目良性组织行为之间的标准化路径系数 β 为 0.84，经统计检验达到显著水平；项目良性组织行为与项目绩效之间的标准化路径系数 β 为 0.36，经统计检验达到显著水平；建设项目组织文化与项目绩效之间的标准化路径系数 β 为 0.47，经统计检验也达到显著水平。当因变量（项目绩效）同时对自变量（建设项目组织文化）和中介变量（项目良性组织行为）进行回归分析，中介变量的回归系数达到显著水平，并且自变量的回归系数从 0.77 减小到 0.47，说明项目良性组织行为起到部分中介作用，即建

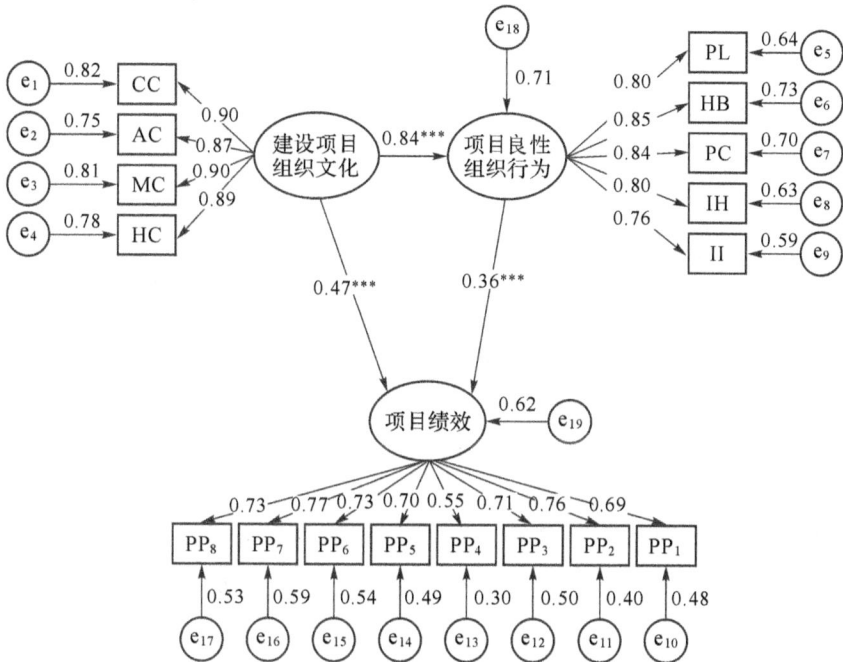

图 5.11 项目良性组织行为中介效应的整体模型

注:*** 表示 $p<0.001$。SEM 分析中,e 代表误差项。

设项目组织文化除了直接影响项目绩效外,还部分通过项目良性组织行为间接影响项目绩效。因此,可以得出结论:项目良性组织行为在建设项目组织文化与项目绩效影响关系中起到部分中介作用,H_8 得到支持。

拔靴法估计的结果也支持了上述结论。从表 5.21 可以看出,项目良性组织行为对项目绩效的间接效应在 95% 置信水平下的置信区间为(0.1619,0.3315),中介检验结果没有包含 0。同时,在控制中介变量作用后,建设项目组织文化对项目绩效的影响显著,即在 95% 置信水平下的置信区间为(0.3752,0.5618),也没有包含 0。综合上述两种检验结论,H_8 得到完全支持。

表 5.21　项目良性组织行为中介效应的拔靴法检验结果

影响类型	效应值	标准误差	p	下限值 (95％置信区间)	上限值 (95％置信区间)
总效应	0.7101	0.0307	0.0000	0.6499	0.7704
直接效应	0.4685	0.0475	0.0000	0.3752	0.5618
间接效应	0.2416	0.0428	0.0000	0.1619	0.3315

五、建设项目组织文化与项目良性组织行为的交互作用分析

交互作用是指两个自变量共同作用时对因变量的影响不等于两者分别影响因变量的简单数学和。在交互作用分析中,两个自变量既可以处于对称的地位,即将任何一个变量解释为调节变量;两者也可以处于不对称的地位,即只要其中一个变量起到了调节作用就存在交互效应(Aiken and West,1991)。在调节效应分析中,存在明确的自变量和调节变量,这是由理论基础所决定的,并且在确定的模型中不能对两者进行互换(陈晓萍等,2008)。

根据相关文献梳理和对深度访谈结果的分析,国内外学者从理论层面认同项目组织文化会对项目良性组织行为产生显著的正向影响,大多数受访者也认为建设项目组织文化会对项目良性组织行为产生积极的影响,不过也有 2 位受访者认为建设项目组织文化与项目良性组织行为之间存在相互影响关系。为了进一步验证建设项目组织文化与项目良性组织行为之间是否存在交互作用,本书采用多元层级回归分析方法,具体有以下三个步骤:(1)对连续变量进行标准化。考虑到建设项目组织文化(自变量 1)和项目良性组织行为(自变量 2)是连续变量,对自变量进行标准化,目的是减少回归方程中变量间多重共线性的问题。(2)构造乘积项。把经过标准化处理以后的两个自变量相乘,因此就产生了一个乘积项。(3)构造方程。把两个自变量、因变量和乘积项都放到多元层级回归方程中检验交互作用,如果乘积项的回归系数 b 显著,则说明存在交互作用。交互作用多元回归分析结果如表 5.22 所示。

表 5.22 交互作用多元回归分析结果

变量		模型 1	模型 2	模型 3
控制变量	受访者的性别	−0.014	0.030	0.031
	受访者的年龄	−0.143	0.022	0.022
	受访者的学历	0.012	0.021	0.020
	受访者的工作年限	0.004	−0.048	−0.048
	受访者的职位	−0.022	−0.004	−0.004
	项目规模	−0.103	−0.057	−0.056
	项目复杂性	0.142	0.079	0.080
	项目组织的成立年限	0.105	0.052	0.051
	项目组织的员工人数	−0.007	0.006	0.006
自变量	X_1		0.516 ***	0.515 ***
	X_2		0.267 **	0.268 **
乘积项	$X_1 \times X_2$			0.003
	R^2 值	0.021	0.515 ***	0.519 ***
ΔR^2		0.021	0.494 ***	0.025 ***
F		1.393	57.029 ***	52.963 ***

注:** 表示 $p<0.01$,*** 表示 $p<0.001$。

从表 5.22 的多元回归分析结果来看,建设项目组织文化(X_1)和项目良性组织行为(X_2)的乘积项即便在 $p<0.1$ 的水平上也不显著($p=0.896$)。因此,可以得出建设项目组织文化与项目良性组织行为之间的交互作用不显著的结论。在企业等永久性组织中,组织文化与良性组织行为之间可能存在交互影响作用,建立良好的企业文化会影响员工表现出更多的良性组织行为,反过来员工的良性组织行为会推动企业文化发展。而项目组织的参与方众多,与企业文化相比项目组织文化不会长期存在,并且项目参与方成员会不断变动。在项目组织中,项目参与方团队成员的良性组织行为更多会受到文化氛围的影响,而项目良性组织行为对项目组织文化的影响相对较小。

六、调节变量的作用分析

调节变量在实证研究中有验证理论和建立理论的边际条件两个重要用处(罗胜强和姜嬿,2014)。在调节效应的分析中,自变量和调节变量是很明确的,是由理论基础所决定的,在一个确定的模型中两者不能互换(陈晓萍等,2008)。根据对相关研究成果的梳理,项目规模和项目复杂性等项目特征因素与项目组织文化的相应维度相关,因此,本书提出项目规模和项目复杂性两个调节变量存在坚实的理论基础。

为了验证项目规模和项目复杂性在建设项目组织文化与项目绩效之间的调节效应,本书采用多元层级回归分析方法,具体有以下五个步骤:(1)用虚拟变量代表类别变量。考虑到国内建设项目投资额存在不断增大的趋势,将项目规模(调节变量)按照投资额大小分成小型(1.0亿元及以下)、中型[1.0—5.0亿(含)元]和大型(5.0亿元以上)三类,并构建两个虚拟变量代表三个水平的类别变量;同时,将项目复杂性(调节变量)按照设计或管理的复杂程度分成低、中、高三类,并构建两个虚拟变量代表三个水平的类别变量。(2)对连续变量进行标准化。考虑到建设项目组织文化(自变量)是连续变量,对自变量进行标准化,目的是减少回归方程中变量间多重共线性的问题。(3)构造乘积项。把经过编码与标准化处理以后的自变量和调节变量相乘,考虑到用了两个虚拟变量表示包含三个水平的类别变量,因此就有两个乘积项。(4)构造方程。把自变量、因变量和乘积项都放到多元层级回归方程中检验交互作用,如果乘积项的回归系数 b 显著,则说明存在调节作用。(5)调节作用的分析和解释。当调节变量是类别变量,可以在不同的组中分别计算因变量的均值,然后用简单斜率法作图,直观地表示调节作用。调节作用多元回归分析结果如表5.23所示。

表 5.23 调节作用多元回归分析结果

变量		模型 1	模型 2	模型 3
控制变量	受访者的性别	0.001	0.012	0.014
	受访者的年龄	0.021	0.043	0.044
	受访者的学历	−0.043	0.009	0.001
	受访者的工作年限	−0.032	−0.019	−0.020
	受访者的职位	−0.022	−0.021	−0.026
	项目的成立年限	0.069*	0.013	0.016
	项目的员工人数	−0.061*	−0.031	−0.029
自变量/调节变量	X		0.704***	0.634***
	S_1(项目规模 1)		0.045	0.044
	S_2(项目规模 2)		0.136	0.137
	C_1(项目复杂性 1)		0.112	0.162*
	C_2(项目复杂性 2)		0.036	0.032
乘积项	$X \times S_1$			−0.011
	$X \times S_2$			−0.028
	$X \times C_1$			0.220**
	$X \times C_2$			0.081*
	R^2	0.017	0.489***	0.500***
	ΔR^2	0.017	0.472***	0.011***
	F	1.509	46.939***	36.600***

注：* 表示 $p<0.05$，** 表示 $p<0.01$，*** 表示 $p<0.001$。

从表 5.23 来看，共有三个分析模型，其中模型 1 仅用控制变量来估计项目绩效（因变量），模型 2 加入建设项目组织文化（自变量）、项目规模（调节变量）和项目复杂性（调节变量），模型 3 再加入自变量和调节变量的乘积项。数据显示，自变量和项目复杂性（调节变量）乘积项的回归系数显著，而自变量和项目规模（调节变量）乘积项的回归系数则不显著。因此，项目复杂性在建设项目组织文化对项目绩效的影响中起到正向调节作用，而项目规模在建设项目组织文化对项目绩效的影响中未能起到调节作用，H_{10} 得到支持，H_9 未得到支持。为了直观地显示调节作用，我们采用简单斜率法作图,项目复杂性的调节效应如图 5.12 所示。

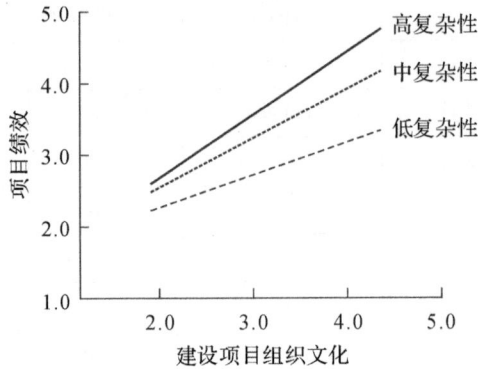

图 5.12　项目复杂性的调节效应

注:坐标轴数值代表五点式标准分值。

从图 5.12 来看,项目复杂性越高,建设项目组织文化对项目绩效的影响会越强,H_{10} 得到支持。当项目复杂性较高时,项目组织将面临更多的不确定性和不可预见性,而项目组织文化会为各项目参与方营造出一种良好的工作氛围,从而提高项目绩效。结合深度访谈的结果,部分行业内人士表示项目的规模越大并不代表项目的复杂性越高,即便没有构建项目组织文化,也会实现预期的项目目标,这可能是项目规模的调节效应未获得验证的原因。

七、研究结果分析

(一)假设检验结果汇总

通过大样本数据的实证研究,本书对基于理论模型所提出的假设进行了检验,本书的研究假设检验结果汇总如表 5.24 所示。

表 5.24　研究假设检验结果

假设编号	假设描述	假设性质	检验结果
H_1	建设项目组织文化对项目绩效有正向影响	验证性假设	支持
H_{1-1}	团队协作型文化对项目绩效有正向影响	验证性假设	支持
H_{1-2}	灵活创新型文化对项目绩效有正向影响	验证性假设	部分支持

假设编号	假设描述	假设性质	检验结果
H_{1-3}	市场导向型文化对项目绩效有正向影响	验证性假设	支持
H_{1-4}	层级控制型文化对项目绩效有正向影响	验证性假设	支持
H_2	建设项目组织文化对项目良性组织行为有正向影响	开拓性假设	支持
H_{2-1}	建设项目组织文化对项目忠诚有正向影响	开拓性假设	支持
H_{2-2}	建设项目组织文化对利他行为有正向影响	开拓性假设	支持
H_{2-3}	建设项目组织文化对项目服从有正向影响	开拓性假设	支持
H_{2-4}	建设项目组织文化对人际和谐有正向影响	开拓性假设	支持
H_{2-5}	建设项目组织文化对积极主动有正向影响	开拓性假设	支持
H_3	团队协作型文化对项目良性组织行为有正向影响	开拓性假设	支持
H_{3-1}	团队协作型文化对项目忠诚有正向影响	开拓性假设	支持
H_{3-2}	团队协作型文化对利他行为有正向影响	开拓性假设	支持
H_{3-3}	团队协作型文化对项目服从有正向影响	开拓性假设	支持
H_{3-4}	团队协作型文化对人际和谐有正向影响	开拓性假设	支持
H_{3-5}	团队协作型文化对积极主动有正向影响	开拓性假设	支持
H_4	灵活创新型文化对项目良性组织行为有正向影响	开拓性假设	部分支持
H_{4-1}	灵活创新型文化对项目忠诚有正向影响	开拓性假设	部分支持
H_{4-2}	灵活创新型文化对利他行为有正向影响	开拓性假设	支持
H_{4-3}	灵活创新型文化对项目服从有正向影响	开拓性假设	支持
H_{4-4}	灵活创新型文化对人际和谐有正向影响	开拓性假设	部分支持
H_{4-5}	灵活创新型文化对积极主动有正向影响	开拓性假设	支持
H_5	市场导向型文化对项目良性组织行为有正向影响	开拓性假设	支持
H_{5-1}	市场导向型文化对项目忠诚有正向影响	开拓性假设	支持
H_{5-2}	市场导向型文化对利他行为有正向影响	开拓性假设	部分支持
H_{5-3}	市场导向型文化对项目服从有正向影响	开拓性假设	支持
H_{5-4}	市场导向型文化对人际和谐有正向影响	开拓性假设	支持
H_{5-5}	市场导向型文化对积极主动有正向影响	开拓性假设	支持

续表

假设编号	假设描述	假设性质	检验结果
H₆	层级控制型文化对项目良性组织行为有正向影响	开拓性假设	支持
H₆₋₁	层级控制型文化对项目忠诚有正向影响	开拓性假设	支持
H₆₋₂	层级控制型文化对利他行为有正向影响	开拓性假设	支持
H₆₋₃	层级控制型文化对项目服从有正向影响	开拓性假设	支持
H₆₋₄	层级控制型文化对人际和谐有正向影响	开拓性假设	部分支持
H₆₋₅	层级控制型文化对积极主动有正向影响	开拓性假设	部分支持
H₇	项目良性组织行为对项目绩效有正向影响	验证性假设	支持
H₇₋₁	项目忠诚会对项目绩效产生显著的正向影响	验证性假设	支持
H₇₋₂	利他行为会对项目绩效产生显著的正向影响	验证性假设	部分支持
H₇₋₃	项目服从会对项目绩效产生显著的正向影响	验证性假设	支持
H₇₋₄	人际和谐会对项目绩效产生显著的正向影响	验证性假设	支持
H₇₋₅	积极主动会对项目绩效产生显著的正向影响	验证性假设	部分支持
H₈	项目良性组织行为在建设项目组织文化对项目绩效的影响中起中介作用	开拓性假设	支持
H₉	项目规模在建设项目组织文化对项目绩效的影响中起正向调节作用	开拓性假设	不支持
H₁₀	项目复杂性在建设项目组织文化对项目绩效的影响中起正向调节作用	开拓性假设	支持

从表 5.24 来看，8 项假设验证结果支持原假设，1 项假设验证结果部分支持原假设，1 项假设验证结果不支持原假设。34 项子假设中，26 项子假设验证结果得到支持，8 项子假设验证结果得到部分支持。

（二）实证研究结果讨论

1.直接影响效应分析

根据相关影响模型分析，建设项目组织文化对项目绩效具有显著的正向影响（$\beta=0.77$，$p<0.001$），H_1 得到支持。项目组织文化对项目绩效能够产生显著的积极影响已经得到国内外学者的普遍认同，相关结论同样适用于中国情境下的建设项目组织。因此，项目领导者需要重视在建设项目等临时性组织中建立合适的项目组织文化。

虽然建设项目组织文化对项目绩效存在显著的正向影响,但是不同文化类型对项目绩效的影响存在差异。

团队协作型文化对项目绩效具有显著的正向影响($\beta = 0.34$, $p <$ 0.001),H_{1-1} 得到支持。Yazici(2009)发现,在美国的不同行业项目组织中,团队文化是唯一能够对项目绩效和组织绩效都产生直接积极影响的项目组织文化,本书的研究结论也支持其研究成果。为了更好地提高项目绩效,项目领导者更应当重视在建设项目中培育团队协作型文化。

灵活创新型文化对项目绩效的正向影响不显著($\beta = 0.04$, $p > 0.05$),H_{1-2} 仅得到部分支持。Yazici(2011)基于美国不同行业项目组织文化的研究指出,灵活文化对项目绩效没有影响。本书的研究结论认为,尽管灵活创新型文化对项目绩效的影响作用最小,但是鼓励创新的文化氛围能够激发项目团队成员的主动性,通过实施各项技术或管理创新,从而实现项目目标。

市场导向型文化对项目绩效具有显著的正向影响($\beta = 0.34$, $p <$ 0.001),H_{1-3} 得到支持。Yazici(2009)基于不同行业项目组织文化的研究指出,市场项目文化与项目管理成熟度的共同作用有助于实现更高的组织绩效。在市场导向型文化氛围下,建设项目业主方倾向于满足用户以及市场需求的变化,从而在一定程度上造成项目功能需求以及预期目标的不断变更,导致项目成本增加。本书的研究结论部分支持其研究成果,不过项目领导者应当注意市场导向型文化对项目成本目标的消极影响。

层级控制型文化对项目绩效具有显著的正向影响($\beta = 0.33$, $p <$ 0.001),H_{1-4} 得到支持。Shore(2008)基于美国不同行业的九个失败项目案例研究发现,失败的项目通常与强调内部关注和稳定的项目文化高度相关。本书的研究结论不支持其研究成果,原因可能在于其研究所选择的失败项目均为重大创新项目,而国内建设项目普遍存在创新动力不足和人员素质不高的现象。

同时,根据相关影响模型分析,项目良性组织行为对项目绩效具有显著的正向影响($\beta = 0.75$, $p < 0.001$),H_7 得到支持。综合相关文献研究成果,虽然项目良性组织行为对项目绩效的影响路径不同,但是所有的研究结论

均验证项目良性组织行为会对项目绩效产生显著的正向影响。因此,项目领导者应当重视促进项目团队成员的良性组织行为,这有利于提高项目绩效。

虽然项目良性组织行为整体上对项目绩效存在显著的正向影响,但是项目良性组织行为的各个维度对项目绩效的影响程度有所不同。

项目忠诚对项目绩效具有显著的正向影响($\beta=0.38$,$p<0.001$),H_{7-1}得到支持。Braun et al.(2013)基于不同行业项目组织的研究发现,项目忠诚对项目效能产生显著的正向影响。本书的研究结论也支持其研究成果。鉴于建设项目等临时性组织本身存在团队成员缺乏较强的项目认同感,项目领导者应当借助文化建设等手段来提升团队成员的项目忠诚度,从而实现更好的项目绩效。

利他行为对项目绩效的正向影响作用不显著($\beta=0.12$,$p>0.05$),H_{7-2}仅得到部分支持。Braun et al.(2013)基于IT开发、影视制作、建设项目等项目组织的研究发现,帮助行为会对项目效能产生正向影响作用。本书的研究结论也支持其研究成果。

项目服从对项目绩效具有显著的正向影响($\beta=0.30$,$p<0.05$),H_{7-3}得到支持。Braun et al.(2013)基于不同行业项目组织的研究发现,项目服从对项目效能产生显著的正向影响。本书的研究结论也支持其研究成果。

人际和谐对项目绩效具有显著的正向影响($\beta=0.19$,$p<0.001$),H_{7-4}得到支持。Braun et al.(2013)基于不同行业项目组织的研究发现,关系维护对项目效能产生显著的正向影响。本书的研究结论也支持其研究成果。尽管人际和谐涵盖的范围要远远大于关系维护行为,国内建设项目情境下项目参与方成员之间保持和谐的人际关系,避免不必要的冲突,会对项目效能产生较大的正向影响。项目领导者需要重视团队成员之间的人际和谐,并且借助文化建设等手段促进团队成员表现出更多的类似行为,从而实现更好的项目绩效。

积极主动对项目绩效的正向影响作用并不显著($\beta=0.04$,$p>0.05$),H_{7-5}仅得到部分支持。Braun et al.(2013)基于IT开发、影视制作、建设项目等项目组织的研究发现,个人主动性维度对项目进度、预算、质量和总体项目成功的正向影响作用均不显著,这也得到本书的研究结论完全支持。与产品研发、IT项目相比,国内的建设项目中技术创新的驱动力不足,并不需要项目成员表现出更多的主动性行为,这可能是其对项目绩效指标的正向影响作用不显著的原因。

2. 中介效应分析

根据相关影响模型分析,建设项目组织文化对项目良性组织行为具有显著的正向影响($\beta=0.84,p<0.001$),H_2得到支持。尽管目前学术界有关项目组织文化对项目良性组织行为的影响研究成果仍很匮乏,不过一些学者已经通过定性研究指出,项目组织文化可以通过塑造成员的行为来影响项目的结果,尤其是 Aronson and Lechler(2009)基于美国的不同行业项目组织的实证研究发现,建设性文化特质能够培养和促进成员的项目良性组织行为,从而实现项目成功。

虽然建设项目组织文化整体上对项目良性组织行为存在显著的正向影响,但是每种文化类型对项目良性组织行为不同维度的影响程度有所不同。

团队协作型文化对项目良性组织行为具有显著的正向影响($\beta=0.51,p<0.001$),H_3得到支持。从整体回归模型的标准化回归系数 β 来看,团队协作型文化对项目忠诚、利他行为、项目服从、人际和谐和积极主动五个维度均起到显著的正向影响,H_{3-1}、H_{3-2}、H_{3-3}、H_{3-4}、H_{3-5} 全部得到支持。Aronson and Lechler(2009)基于美国的新产品开发、IT项目和工程项目的实证研究发现,建设性文化特质对项目良性组织行为的帮助行为、公民道德和运动家精神三个维度均具有显著的正向影响。鉴于建设性文化特质类似于团队协作型文化,本书也认为团队协作型文化对项目良性组织行为的五个维度均具有显著的正向影响作用。项目领导者应当倾向于构建团队协作型文化,营造良好的合作氛围,从而促进团队成员表现出更多的项目良性组织行为,最终实现更好的项目绩效。

灵活创新型文化对项目良性组织行为的正向影响作用并不显著($\beta=0.07,p>0.05$),H_4仅得到部分支持。从整体回归模型的标准化回归系数 β 来看,灵活创新型文化对利他行为、项目服从和积极主动起到显著的正向影响,对项目忠诚和人际和谐的正向影响作用并不显著,H_{4-2}、H_{4-3}、H_{4-5} 得到支持,H_{4-1}、H_{4-4}仅得到部分支持。灵活创新型文化对积极主动的正向影响作用最大,在强调创新的项目组织文化中,更容易激发项目团队成员的创造力和主动性行为,从而有利于实现项目的技术或管理创新。考虑到国内建设项目普遍缺乏创新驱动力,营造有利于创新的文化氛围将有助于改变现状。

市场导向型文化对项目良性组织行为具有显著的正向影响($\beta=0.33$,$p<0.001$),H_5得到支持。从整体回归模型的标准化回归系数β来看,市场导向型文化对项目忠诚、项目服从、人际和谐和积极主动起到显著的正向影响,但是对利他行为的正向影响作用并不显著,H_{5-1}、H_{5-3}、H_{5-4}、H_{5-5}得到支持,H_{5-2}仅得到部分支持。市场导向型文化对项目服从和积极主动具有较大的正向影响作用。在以任务完成和结果为导向的项目组织文化中,需要项目团队成员能够自觉服从项目的各项规定和指令;同时,项目目标的完成通常会与项目团队的直接利益相关,从而促进团队成员的主动性行为。不过,市场导向型文化更注重项目结果,因此项目参与方团队成员之间往往为竞争关系,不利于项目成员表现出帮助他人的行为。

层级控制型文化对项目良性组织行为具有显著的正向影响($\beta=0.29$,$p<0.001$),H_6得到支持。从整体回归模型的标准化回归系数β来看,层级控制型文化对项目忠诚、利他行为、项目服从起到显著的正向影响,但是对人际和谐和积极主动的正向影响作用并不显著。在强调效率和控制的项目组织文化中,不仅需要项目团队成员表现出较强的项目认同感,而且要求项目团队成员能够严格按照规章制度和项目流程来完成工作,从而保证项目目标的实现。与此同时,由于层级控制型文化更强调按照流程办事,不利于形成和谐合作的工作氛围,可能会限制项目成员表现出个人首创性行为。

同时,根据项目良性组织行为中介效应的整体模型分析,在自变量显著影响中介变量,中介变量显著影响因变量,自变量显著影响因变量的分析结果基础上,因变量同时对自变量和中介变量进行回归分析,中介变量的回归系数达到显著水平($\beta=0.36$,$p<0.001$),同时自变量的标准化回归系数β从0.77减小到0.47,说明项目良性组织行为在建设项目组织文化对项目绩效的影响关系中起到部分中介作用,H_8得到支持。因此,为了提高项目绩

效,项目领导者应当重视项目组织文化的构建,其不仅可以直接对项目绩效产生积极的影响,同时还能够通过引导和促进项目团队成员的良性组织行为,间接促成项目目标的实现。

3.调节效应分析

根据对相关研究成果的分析,项目规模和项目复杂性会对项目组织文化与项目绩效的影响关系产生调节作用。本书采用多元层级回归分析法,逐步加入控制变量、自变量、自变量和调节变量乘积项,并进行相应模型的回归分析结果比较。其中,项目规模的乘积项回归系数未达到显著水平($b_1 = -0.011, p > 0.05; b_2 = -0.028, p > 0.05$),说明项目规模在建设项目组织文化对项目绩效的影响中不起调节作用,H_9 未得到支持。项目复杂性的乘积项回归系数达到显著水平($b_1 = 0.220, p < 0.01; b_2 = 0.081, p < 0.05$),并且和项目复杂性调节效应图一起,说明项目复杂性在建设项目组织文化对项目绩效的影响中起正向调节作用,项目复杂性越高,建设项目组织文化对项目绩效的影响作用也越大,H_{10} 得到支持。在高复杂性的项目中,项目组织始终面临高度不确定的内外部环境,出现的不可预见的问题就越多。而项目组织文化有助于形成一种良好的工作氛围,增强项目参与方的主动性和合作意识,从而提高项目绩效。同时,项目的规模越大并不一定代表项目的复杂性越高。诸如一些大型住宅小区建设项目本身的设计和施工难度并不大,通常并没有构建相应的项目组织文化,但是仍然可以实现预期的项目绩效指标,这可能是项目规模对建设项目组织文化与项目绩效的调节作用未获支持的原因。鉴于目前国内建设项目面临复杂性不断提高的趋势,项目领导者应当认识到构建组织文化的重要性,尤其是在国内复杂的建设项目中更需要通过文化建设来保证项目目标的实现。

第六章　研究结论与研究展望

第一节 研究结论与启示

一、研究结论

在既有国内外研究成果的基础上,基于参与方行为的理论视角,通过对来自实务界和学术界专家人士的深度访谈,本书构建了建设项目组织文化对项目良性组织行为及项目绩效影响的理论模型,并提出了相应的研究假设。在此基础上,通过对国内建设项目的大样本统计调查,本书获取了602份有效问卷数据,并且采用SEM、层次回归分析等多种统计学方法,进一步验证了所提出的研究假设。总体而言,本书通过实证研究得出以下五个方面的主要结论。

第一,建设项目组织文化对项目绩效的正向影响作用得到验证,但是不同的文化类型对项目绩效的影响存在差异。

实证结果表明,团队协作型文化和市场导向型文化对项目绩效的正向影响最大,其次是层级控制型文化,而灵活创新型文化对项目绩效的正向影响最小并且也不显著。

第二,建设项目组织文化对项目良性组织行为的正向影响作用得到验证,但是不同的文化类型对项目良性组织行为的影响存在差异。

实证结果表明,团队协作型文化对项目良性组织行为的正向影响最大,而灵活创新型文化对项目良性组织行为的正向影响最小并且也不显著。在对项目良性组织行为的不同维度影响方面,团队协作型文化对项目忠诚、利他行为、项目服从和人际和谐的正向影响最大,灵活创新型文化对积极主动的正向影响最大,市场导向型文化对项目服从和积极主动的正向影响较大,层级控制型文化对项目忠诚、利他行为和项目服从的正向影响较大。

第三,项目良性组织行为对项目绩效的正向影响作用得到验证,但是项目良性组织行为的不同维度对项目绩效的影响存在差异。

实证结果表明,项目忠诚和项目服从对项目绩效的正向影响最大,利他行为和人际和谐对项目绩效也有较大的正向影响作用,而积极主动对项目绩效的正向影响最小并且也不显著。

第四,项目良性组织行为在建设项目组织文化对项目绩效的影响中起到部分中介作用得到验证。

实证结果表明,在自变量显著影响中介变量,中介变量显著影响因变量,自变量显著影响因变量的分析结果基础上,因变量(项目绩效)同时对自变量(建设项目组织文化)和中介变量(项目良性组织行为)进行回归分析,中介变量的回归系数达到显著水平,并且自变量的回归系数显著减小,说明建设项目组织文化不仅直接对项目绩效产生影响,还通过促进项目参与方成员的良性组织行为间接影响项目绩效。

第五,项目复杂性在建设项目组织文化对项目绩效的影响关系中起到调节作用,而项目规模在建设项目组织文化对项目绩效的影响中不起调节作用。

对大样本数据的多元层级回归分析结果显示:项目复杂性的乘积项回归系数达到显著水平,说明项目复杂性越高,建设项目组织文化对项目绩效的影响也越大;项目规模的乘积项回归系数未达到显著水平,说明项目规模在建设项目组织文化对项目绩效的影响中不起调节作用。

二、实践启示

本书的研究结论为国内建设项目管理可以提供如下实践启示。

第一,重视建设项目组织文化的构建。

对于很多建设项目管理者而言,项目组织文化似乎是可有可无的,许多项目领导者认为即使没有项目组织文化,也能实现项目目标。基于实证研究结论,本书揭示了建设项目组织文化对项目绩效能够产生显著的正向影响。因此,国内的项目管理层可以通过构建诸如团队协作型的项目组织文化,形成一种良好的合作氛围,从而提高项目绩效。

第二,认识到项目参与方的良性组织行为是实现项目绩效的"润滑剂"。

面对复杂多变的项目环境,建设项目管理者需要通过激发项目参与方诸如利他和主动的行为,更好地完成项目目标。而一种积极的团队合作文化氛围会对项目参与方的良性组织行为产生积极的影响，激发项目参与方成员的项目忠诚和人际和谐，从而间接提高项目绩效。

第三，关注到不同文化类型对项目良性组织行为的不同维度的影响存在显著差异。

基于实证研究结论，可以发现团队协作型的项目组织文化对项目良性组织行为的所有维度以及项目绩效指标均会产生显著的正向影响。因此，团队协作型的项目组织文化应当成为今后建设项目组织文化构建的方向。

第四，意识到项目复杂性在建设项目组织文化对项目绩效影响中的调节作用。

基于实证研究结论，本书发现越是复杂的、具有挑战性的项目，项目组织文化对项目绩效的影响就会越大。因此，鉴于国内建设项目的投资规模越来越大、项目技术及管理复杂性越来越高的发展趋势，建设项目管理者更需要关注在复杂工程项目中的项目组织文化构建。

第二节　研究局限与展望

一、研究局限

本书探讨了中国情境下建设项目组织文化与项目良性组织行为以及项目绩效的影响关系，得出了一些有价值的研究结论，也为我国建设项目管理者提供了相应的实践启示。但是受到主客观条件的限制，本书仍然存在一定的局限性，主要体现在以下两个方面。

（一）调查问卷的限制

由于研究者与受访者关注的重点不同，调查问卷只能反映研究者所关注的主题，尚未结合其他构念影响，可能会导致研究结果出现偏差。与此同时，建设项目组织文化对项目绩效的影响具有一定的时滞性，基于同一时间的自我报告式问卷调查进行数据收集，可能难以完全评估变量之间的因果关系。

（二）研究变量的限制

由于建设项目组织文化对项目绩效的影响仍然存在理论黑箱，本书仅仅考虑项目良性组织行为对建设项目组织文化与项目绩效之间影响关系的中介作用，以及项目复杂性对两者之间关系的调节效应，可能还有其他研究变量在建设项目组织文化与项目绩效影响关系中起到中介作用或调节效应。

（三）测量工具的限制

尽管在相关文献梳理和深度访谈分析的基础上，本书编制了项目良性组织行为量表，并修订了建设项目组织文化和项目绩效量表，但由于尚未有中国情境下成熟的项目良性组织行为量表，相应量表的适用性和可靠性存在未知之处。

二、研究展望

针对本书存在的不足之处，未来可以有针对性地开展进一步的研究，从而深入揭示中国情境下建设项目组织文化对项目绩效影响机制的黑箱，今后的研究有以下三个方向。

第一，未来研究可以通过纵向研究或案例研究，并结合定性访谈来消除研究者与受访者相应的偏差，进一步探讨建设项目组织文化、项目良性组织行为和项目绩效之间的动态演化机制，并对相关变量之间的因果关系进行更为严谨的检验。

第二，今后研究可以探究诸如项目领导风格、项目环境动态性等其他重要变量在建设项目组织文化对项目绩效影响中的中介作用或调节效应，进一步深化建设项目组织文化对项目绩效影响机制的理解。

第三，诸如项目良性组织行为量表需要在后续研究中进一步完善，并得到更多实证检验。

参考文献

[1] Aiken L S, West S G. Multiple Regression: Testing and Interpreting Interations[M]. Newbury Park: Sage, 1991.

[2] Ajmal M, Koskinen K. Knowledge Transfer in Project-Based Organizations: An Organizational Culture Perspective [J]. Project Management Journal, 2008(1): 7-15.

[3] Akgun A E, Keskin H, Byrne J C, Gunsel A. Antecedents and Results of Emotional Capacity in Software Development Project Teams[J]. Journal of Product Innovation Management, 2011(6): 957-973.

[4] Anastasi A. Psychological Testing[M]. New York: Macmillan, 1988.

[5] Anderson E S. Understanding Your Project Organization'S Character [J]. Project Management Journal, 2003(4): 4-11.

[6] Ankrah N A, Proverbs D, Debrah Y. Factors Influencing the Culture of a Construction Project Organization[J]. Engineering, Construction and Architectural Management, 2009(1): 26-47.

[7] Anvuur A M, Kumaraswamy M M. Measurement and Antecedents of Cooperation in Construction[J]. Journal of Construction Engineering & Management, 2012(7): 797-810.

[8] Aronson Z H. An Investigation of the Role of Project Culture in Team Efficacy and Success in Project-Based Work[J]. International Journal of Innovation & Technology Management, 2015(6): 1-18.

[9] Aronson Z H, Lechler T G. Contributing Beyond the Call of Duty: Examining the Role of Culture in Fostering Citizenship Behavior and

Success in Project-Based Work [J]. R&D Management，2009(5)：444-460.

[10] Bagozzi R P，Yi Y. On the Evaluation of Structural Equation Models [J]. Journal of the Academy of Marketing Science，1988(1)：74-94.

[11] Bakker R M，Boroş S，Kenis P，Oerlemans L A G. It's Only Temporary：Time Frame and the Dynamics of Creative Project Teams [J]. British Journal of Management，2013(3)：383-397.

[12] Bani A，Abdullah S，Frank T A，William H M. Impact of Organizational and Project Factors on Acceptance and Usage of Project Management Software and Perceived Project Success [J]. Project Management Journal，2008(2)：5-33.

[13] Barclay C，Osei-Bryson K M. Project Performance Development Framework：An Approach for Developing Performance Criteria & Measures for Information Systems (IS) Projects [J]. International Journal of Production Economics，2010(1)：272-292.

[14] Barnard C I. The Functions of the Executive [M]. Cambridge：Harvard University Press，1938.

[15] Baron R M，Kenny D A. The Moderator-Mediator Variable Distinction in Social Psychological Research：Conceptual，Strategic，and Statistical Considerations [J]. Journal of Personality and Social Psychology，1986(6)：1173-1182.

[16] Belassi W，Kondra A Z，Tukel O I. New Product Development Projects：The Effects of Organizational Culture [J]. Project Management Journal，2007(4)：12-24.

[17] Belassi W，Tukel O I. A New Framework for Determining Critical Success/Failure Factors in Projects [J]. International Journal of Project Management，1996(3)：141-151.

[18] Bentler P M，Chou C. Practical Issues in Structural Modeling [J]. Sociological Methods and Research，1987(1)：78-117.

[19] Bettencourt R, Gwinner K P, Meuter M L. A Comparison of Attitude, Personality, and Knowledge Predictors of Service-Oriented Organizational Citizenship Behavior [J]. Journal of Applied Psychology, 2001(1): 29-41.

[20] Blau P M. Exchange and Power in Social Life[M]. New York: Wiley, 1964.

[21] Bolino M C. Citizenship and Impression Management: Good Soldiers or Good Actors? [J]. Academy of Management Review, 1999(1): 82-98.

[22] Boomsma A. The Robustness of LISREL against Small Sample Sizes in Factor Analysis Models[M]. Amsterdam: North-Holland, 1982.

[23] Borman W C, Motowidlo S M. Expanding the Criterion Domain to Include Elements of Contextual Performance, Personnel Selection in Organizations [M]. San Francisco: Jossey-Bass, 1993.

[24] Brady T, Davies A. Building Project Capabilities: From Exploratory to Exploitative Learning [J]. Organization Studies, 2004 (9): 1601-1621.

[25] Braun T, Ferreira A I, Sydow J. Citizenship Behavior and Effectiveness in Temporary Organizations[J]. International Journal of Project Management, 2013(6): 862-876.

[26] Braun T, Müller-Seitz G, Sydow J. Project Citizenship Behavior? — An Explorative Analysis at the Project-Network-Nexus [J]. Scandinavian Journal of Management, 2012(4): 271-284.

[27] Breckler S J. Application of Covariance Structure Modeling in Psychology: Cause for Concern? [J]. Psychological Bulletin, 1990 (2): 260-273.

[28] Brislin R W. Translation and Content Analysis of Oral and Written Material [M]. Handbook of Cross-Cultural Psychology, Boston: Allyn & Bacon, 1980.

[29] Bryde D. Perceptions of the Impact of Project Sponsorship Practices on Project Success[J]. International Journal of Project Management, 2008(8): 800-809.

[30] Byrne B M. Structural Equation Modeling with Amos: Basic Concepts, Applications and Programming[M]. New Jersey: Lawrence Erlbaum Associates, 2001.

[31] Cameron K S, Quinn R E. Diagnosing and Changing Organizational Culture: Based on the Competing Values Framework[M]. New York: Addison-Wesley, 1998.

[32] Cameron K S, Quinn R E. Diagnosing and Changing Organizational Culture: Based on the Competing Values Framework[M]. San Francisco: Jossery-Bass, 2005.

[33] Carroll G R, Harrison J R. Organizational Demography and Culture: Insights from a Formal Model[J]. Administrative Science Quarterly, 1998(3): 637-667.

[34] Chan A P C, Chan A P L. Key Performance Indicators for Measuring Construction Success[J]. Benchmarking: An International Journal, 2004(2): 203-221.

[35] Chan D. Functional Relations among Constructs in the Same Content Domain at Different Levels of Analysis: A Typology of Composition Models[J]. Journal of Applied Psychology, 1998(2): 234-246.

[36] Chan L M, Shaffer M A, Snape E. In Search of Sustained Competitive Advantage: The Impact of Organizational Culture, Competitive Strategy and Human Resource Management Practices on Firm Performance[J]. International Journal of Human Resource Management, 2004(1): 17-35.

[37] Chen X P, Hui C, Sego D J. The Role of Organizational Citizenship Behavior in Turnover: Conceptualization and Preliminary Tests of Key Hypothesis[J]. Journal of Applied Psychology, 1998(6): 922-931.

[38] Chen X P, Lam S S K, Naumann S E, Schaubroeck J. Group citizenship behaviour: Conceptualization and Preliminary Tests of its Antecedents and Consequences [J]. Management and Organization Review, 2005(2): 273-300.

[39] Cheung S O, Yiu T W, Lam M C. Interweaving Trust and Communication with Project Performance[J]. Journal of Construction Engineering and Management, 2013(8): 941-950.

[40] Chou T Y, Chou S C T, Jiang J J, Klein G. The Organizational Citizenship Behavior of IS Personnel: Does Organizational Justice Matter? [J]. Information & Management, 2013(2): 105-111.

[41] Cicmil S, Marshall D. Insights into Collaboration at the Project Level: Complexity, Social Interaction and Procurement Mechanisms [J]. Batiment International, Building Research and Practice, 2005 (6): 523-535.

[42] Clark L A, Watson D. Constructing Validity: Basic Issues in Objective Scale Development[J]. Psychological Assessment, 1995(3): 309-319.

[43] Collins A, Baccarini D. Project Success-Asurvey [J]. Journal of Construction Research, 2004(2): 211-231.

[44] Connolly T, Conlon E J, Deutsch S J. Organizational Effectiveness: A Multiple-Constituency Approach [J]. Academy of Management Review, 1980(2): 211-218.

[45] Cooke R A, Lafferty J C. Level V: Organizational Culture Inventory [M]. Plymouth: Human Synergistics, 1983.

[46] Crawford P, Bryne P. Project Monitoring and Evaluation: A Method for Enhancing the Efficiency and Effectiveness of Aid Project Implementation[J]. International Journal of Project Management, 2003(5): 363-373.

[47] Creswell W J. Qualitative Inquiry and Research Design: Choosing

Among Five Approaches[M]. Thousand Oaks: Sage, 2012.

[48] Cronbach L J. Coefficient Alpha and the Internal Structure of Tests [J]. Psychometrika, 1951(3): 297-334.

[49] Daft R L. Organizational Theory and Design[M]. St. Paul: West Publishing, 1995.

[50] Deal T E, Kennedy A A. Corporate Culture: The Rites and Rituals of Corporate Life [M]. Reading: Addison-Wesley, 1982.

[51] Denison D R, Mishra A K. Toward a Theory of Organizational Culture and Effectiveness [J]. Organization Science, 1995 (2): 204-223.

[52] DeWit A. Measurement of Project Management Success [J]. International Journal of Project Management, 1988(3): 164-170.

[53] Dick B. Convergent Interviewing: A Technique for Qualitative Data Collection[M]. New York: Wiley, 1998.

[54] Edwards J R, Bagozzi R P. On the Nature and Direction of Relationships Between Constructs and Measures[J]. Psychological Methods, 2000(2):155-174.

[55] Egginton B. Multi-National Consortium Based Projects: Improving the Process[J]. International Journal of Project Management, 1996 (3): 169-172.

[56] Ehrhart M G, Bliese P D, Thomas J L. Unit-Level OCB and Unit Effectiveness: Examining the Incremental Effect of Helping Behavior [J]. Human Performance, 2006(2): 159-173.

[57] Ehrhart M G, Naumann S E. Organizational Citizenship Behavior in Work Groups: A Group Norms Approach[J]. Journal of Applied Psychology, 2004(6): 960-974.

[58] Eilat H, Golany B, Shtub A. R&D Project Evaluation: An Integrated DEA and Balanced Scorecard Approach [J]. Omega, 2008 (5): 895-912.

[59] Espinoza M M. Assessing the Cross-Cultural Applicability of a Service Quality Measure: A Comparative Study Between Quebec and Peru [J]. International Journal of Service Industry Management, 1999(5): 449-468.

[60] Etzioni A. Modern Organizations[M]. NJ: Prentice-Hall Inc. , 1964.

[61] Everitt B, Dunn G. Applied Multivariate Data Analysis[M]. New York: Oxford, 2001.

[62] Farh J L, Earley P C, Lin S C. Impetus for Action: A Cultural Analysis of Justice and Organizational Citizenship Behavior in Chinese Society[J]. Administrative Science Quarterly, 1997(3): 421-444.

[63] Farh J L, Zhong C B, Organ D W. Organizational Citizenship Behavior in the People's Republic of China[J]. Organization Science, 2004(2): 241-253.

[64] Ferreira A I, Braun T, Sydow J. Citizenship Behavior in Project-Based Organizing: Comparing German and Portuguese Project Managers [J]. The international Journal of Human Resoure Management, 2013(20): 3772-3793.

[65] Fornell C, Larcker D F. Evaluating Structural Equation Models with Unobservable Variables and Measurement Error [J]. Journal of Marketing Research, 1981(1):39-50.

[66] Freeman M, Beale P. Measuring Project Success [J]. Project Management Journal, 1992(1): 8-17.

[67] Friedlander F, Pickle H. Components of Effectiveness in Small Organizations[J]. Administrative Science Quarterly, 1968(2): 289-304.

[68] George J M, Jones G R. Organizational Spontaneity in Context[J]. Human Performance, 1997(1): 153-170.

[69] Giritli H, Oeney-Yazici E, Topcu-Oraz G, Acar E. The Interplay between Leadership and Organizational Culture in the Turkish Construction Sector[J]. International Journal of Project Management,

2013(2)：228-238.

[70] Glaser B G，Strauss A L. The Discovery of Grounded Theory：Strategies for Qualitative Research[M]. London：Weidenfeld and Nicolson，1968.

[71] Goodman S A，Svyantek D J. Person-Organization Fit and Contextual Performance：Do Shared Values Matter? [J]. Journal of Vocational Behavior，1999(2)：254-275.

[72] Gorsuch R L，Venable G D. Development of an "Age Universal" I-E Scale[J]. Journal for the Scientific Study of Religion，1983 (2)：181-187.

[73] Gu V C，Hoffman J J，Cao Q，Schniederjans M J. The Effects of Organizational Culture and Environmental Pressures on IT Project Performance：A Moderation Perspective[J]. International Journal of Project Management，2014(7)：1170-1181.

[74] Hage J. Theories of organizations：Form，process，and transformation [M]. New York：John Wiley & Sons，1980.

[75] Hair J F，Anderson R E，Tatham R L，Black W C. Multivariate Data Analysis[M]. Upper Saddle River：Prentice Hall，1998.

[76] Hair J F，Black W C，Babin B J，Anderson R E，Tatham R L. Multivariate Data Analysis [M]. Upper Saddle River：Prentice Hall，2006.

[77] Harrison R. Understanding Your Organization's Character [J]. Harvard Business Review，1972(3)：119-128.

[78] Haynes S N，Richard D C S，Kubany E S. Content Validity in Psychological Assessment：A Functional Approach to Concepts and Methods[J]. Psychological Assessement，1995(3)：238-247.

[79] He J. Counteracting Free-Riding with Team Morale—An Experimental Study[J]. Project Management Journal，2012 (3)：62-75.

［80］Henrie M，Sousa-Poza A．Project Management：A Cultural Literary Review[J]．Project Management Journal,2005(2)：5-14.

［81］Hofstede G，Neuijen B，Ohayv D，Sanders G．Measuring Organizational Cultures：A Qualitative and Quantitative Study Across Twenty Cases［J］．Administrative Science Quarterly，1990（2）：286-316.

［82］Hui C，Law K S，Chen Z X．A Structural Equation Model of the Effects of Negative Affectivity，Leader-Member Exchange，and Perceived Job Mobility on In-Role and Extra-Role Performance：A Chinese Case［J］．Organizational Behavior ＆ Human Decision Processes，1999(1)：3-21.

［83］Hyvari I．Success of Projects in Different Organizational Conditions [J]．Project Management Journal，2006(4)：31-41.

［84］Ika L A，Diallo A，Thuillier D．Critical Success Factors for World Bank Projects：An Empirical Investigation[J]．International Journal of Project Management，2012(1)：105-116.

［85］Ives M．Identifying the Contextual Elements of Project Management within Organizationsand Their Impacton Project Success[J]．Project Management Journal，2005(1)：37-50.

［86］Jugdev K，Müller R．A Retrospective Look at our Evolving Understanding of Project Success[J]．Project Management Journal，2005(4)：19-31.

［87］Kaplan R S，Norton D P．The Balanced Scorecard-Measures That Drive Performance[J]．Harvard Business Review，1992(1)：71-79.

［88］Katz D，Kahn R．The Social Psychology of Organizations[M]．New York：Wiley，1966：22-24.

［89］Kim S．Public Service Motivation and Organizational Citizenship Behavior in Korea［J］．International Journal of Manpower，2006(8)：722-740.

［90］Kline R B. Principles and Practice of Structural Equation Modeling ［M］. New York：Guilford Press，1998.

［91］Koch C，Bendixen M. Multiple Perspectives on Organizing：Projects between Tyranny and Perforation ［J］. Building Research and Information，2005(6)：536-546.

［92］KPI Working Group. KPI Report for the Minister for Construction ［M］. London：Crawn Press，2000.

［93］Kumaraswamy M M，Rowlinson S M，Phua F. Origins and Desired Destinations of Construction Project Cultures［C］. New Zealand：CIB World Crown Press，2001.

［94］Kwak Y H，Ibbs C W. Project Management Process Maturity (PM)2 Model ［J］. Journal of Management in Engineering，2002（3）：150-155.

［95］Lam S S K，Hui C，Law K S. Organizational Citizenship Behavior：Comparing Perspectives of Supervisorsand Subordinates Across four International Samples［J］. Journal of Applied Psychology，1999(4)：594-601.

［96］Lim C S，Mohamed M Z. Criteria of Project Success：An Exploratory Reexamination［J］. International Journal of Project Management，1999(4)：243-248.

［97］Liu A，Fellows R F. The Impact of Culture on Project Goals［C］. London：Proceedings of Profitable Partnering in Construction Procurement，1999：523-535.

［98］Lundin R A，Söderholm A. A Theory of the Temporary Organization ［J］. Scandinavian Journal of Management，1995(4)：437-455.

［99］Lundin R A，Steinthórsson R A. Studying Organizations as Temporary［J］. Scandinavian Journal of Management，2003（2）：233-250.

［100］Malhotra M K，Grover V. An Assessment of Survey Research in

POM: From Constructs to Theory [J]. Journal of Operations Management, 1998(4): 407-425.

[101] Marsh H W, Hau K T, Balla J R, Grayson D. Is More Ever Too Much? The Number of Indicators Per Factor in Confirmatory Factor Analysis[J]. Multivaritate Behavioral Research, 1998(2): 181-220.

[102] Marsh H W, Hau K T, Grayson D. Goodness of Fit Evaluation in Structural Equation Modeling [M]//Maydeu O A, McArdle J. Contemporary Psychometrics. NJ: Erlbaum, 2005: 275-340.

[103] McDonald R P, Ho M H. Principles and Practice in Reporting Structural Equation Analyses[J]. Psychological Methods, 2002(1): 64-82.

[104] Minichiello V, Kottler J A. Qualitative Journeys: Student and Mentor Experiences with Research [M]. Newbury Park: Sage, 2009.

[105] Moorman R H. Relationship Between Organizational Justice and Organizational Citizenship Behaviors: Do Fairness Perceptions Influence Employee Citizenship? [J]. Journal of Applied Psychology, 1991(6): 845-855.

[106] Moorman R H, Blakely G L. Individualism-Collectivism as All Individual Differencepredictor of Organizational Citizenship Behavior [J]. Jouranl of Organizational Behavior,1995(2):127-142.

[107] Morrison E. Role Definition and Organizational Citizenship Behavior: The Importance of Understandingthe Employee's Perspective [J]. Academy of Management Journal, 1994 (6): 1543-1567.

[108] Mueller R O. Structural Equation Modeling: Back to Basics[J]. Structural Equation Modeling: A Multidisciplinary Journal, 1997 (4): 353-369.

[109] Naor M, Lindersman K, Schroeder R. The Globabilization of

Operations in Eastern and Western Countries: Unpacking the Relationship between National and Organizational Culture and Its Impact on Manufacturing Performance[J]. Journal of Operations Management, 2010(3): 194-205.

[110] Nielsen T M, Hrivnak G A, Shaw M. Organizational Citizenship Behavior and Performance: A Meta-Analysis of Group-Level Research[J]. Small Group Research, 2009(5): 555-577.

[111] O'Reilly C A, Chatman J A, Caldwell D F. People and Organizational Culture: A Profile Comparison Approach to Assessing Person-Organization Fit[J]. Academy of Management Journal, 1991(3): 487-516.

[112] Organ D W. Organizational Citizenship Behavior: The Good Soldiersyndrome[M]. Lexington: Lexington Books, 1988: 5-6.

[113] Organ D W. Organizational Citizenship Behavior: It's Construct Clean-Up Time[J]. Human Performance, 1997(2): 85-97.

[114] Organ D W, Ryan K. A Meta-Analytic Review of Attitudinal and Dispositional Predictors of Organizational Citizenship Behavior[J]. Personnel Psychology, 2010(4): 775-802.

[115] Ouchi W G. Theory Z: How American Business Can Meet the Japanese Challenge[J]. Business Horizons, 1981(6):82-83.

[116] Paillé P. Assessing Organizational Citizenship Behavior in the French Context: Evidence for the Four-Dimensional Model [J]. Journal of Applied Psychology, 2009(2): 133-146.

[117] Parker C E, Baltes B B, Young S A, Huff J W, Altmann R A, Lacost H A, Roberts J E. Relationships between Psychological Climate Perceptions and Work Outcomes: A Meta-Analytic Review [J]. Journal of Organizational Behavior, 2003(4): 389-416.

[118] Pascale R T, Athos A G. The Art of Japanese Management[J]. Business Horizons, 1981(6): 83-85.

[119] Peters T J, Waterman R H. In Search of Excellence: Lessons from America's Best-Run Companies [M]. New York: Harper & Row, 1982.

[120] Patton M Q. Qualitative Evaluation and Research Methods[M]. Newbury Park: Sage, 1990.

[121] Pettigrew A M. On Studying Organizational Cultures [J]. Administrative Science Quarterly, 1979(4): 570-581.

[122] Pinto J K, Slevin D P, English B. Trust in Projects: An Empirical Assessment of Owner/Contractor Relationships[J]. International Journal of Project Management, 2009(6): 638-648.

[123] Podsakoff N P, Podsakoff P M, MacKenzie S B, Maynes T D. Consequences of Unit-Level Organizational Citizenship Behaviors: A Review and Recommendations for Future Research[J]. Journal of Organizational Behavior, 2014(S1): S87-S119.

[124] Podsakoff P M, MacKenzie S B. Impact of Organizational Citizenship Behavior on Organizational Performance: A Review and Suggestion for Future Research[J]. Human Performance, 1997(2): 133-151.

[125] Podsakoff P M, Ahearne M, MacKenzie S B. Organizational Citizenship Behavior and the Quantity and Quality of Work Group Performance[J]. Journal of Applied Psychology, 1997(2):262-270.

[126] Podsakoff P M, MacKenzie S B, Moorman R H, Fetter R. Transformational Leader Behaviors and Their Effects on Followers' Trust in Leader, Satisfaction, and Organizational Citizenship Behavior[J]. Leadership Quarterly, 1990(2): 107-142.

[127] Podsakoff P M, MacKenzie S B, Paine J B, Bachrach D G. Organizational Citizenship Behaviors: A Critical Review of the Theoretical and Empirical Literature and Suggestions for Future Research[J]. Journal of Management, 2000(3):513-563.

［128］Preacher K J, Rucker D D, Hayes A F. Addressing Moderated Mediation Hypotheses: Theory, Methods and Prescriptions［J］. Multivariate Behavioral Research, 2007(1): 185-227.

［129］Project Management Institute, An Executive's Guide to OPM3［M］. Pennsylvania: PMI, 2003.

［130］Qiu T, Qualls W, Bohlmann J, Rupp D E. The Effect of Interactional Fairness on the Performance of Cross-Functional Product Development Teams: A Multilevel Mediated Model［J］. Journal of Product Innovation Management, 2009(2): 173-187.

［131］Quinn R E., Rohrbaugh J. A Spatial Model of Effectiveness Criteria: Towards a Competing Values Approach to Organizational Analysis［J］. Management Science, 1983(3): 363-377.

［132］Schein E H. Organizational Culture and Leadership［M］. San Francisco: Jossery-Bass, 1985.

［133］Schein E H. Culture: Organizational Culture［J］. American Psychologist, 1990(2):109-119.

［134］Schein E H. Culture: The Missing Concept in Organization Studies［J］. Administrative Science Quarterly, 1996(2): 229-240.

［135］Schein E H. The Corporate Culture Survival Guide: Sense and Nonsense about Culture Change［M］. San Francisco: Jossery-Bass, 1999.

［136］Schneider B, Salvaggio A N, Subirats M. Climate Strength: A New Direction for Climate Research［J］. Journal of Applied Psychology, 2002(2): 220-229.

［137］Schumacker R E, Lomax R G. A Beginner's Guide to Structural Equation Modeling［M］. London: Taylor & Francis, 1996.

［138］Shenhar A J. Contingent Management in Temporary, Dynamic Organizations: The Comparative Analysis of Project［J］. Journal of High Technology Management Research, 2001(2): 239-271.

[139] Shenhar A J, Dvir D. Reinventing Project Management: The Diamond Approach to Successful Growth and Innovation [M]. Boston: Harvard Business School Press, 2007.

[140] Shenhar A J, Levy O, Dvir D. Mapping the Dimensions of Project Success[J]. Project Management Journal, 1997(2): 5-13.

[141] Shore B. Systematic Biases and Culture in Project Failures [J]. Project Management Journal, 2008(4): 5-16.

[142] Shore L M, Coyle-Shapiro J. New Developments in the Employee-Organization Relationship[J]. Journal of Organizational Behavior, 2003(5): 443-450.

[143] Smith C A, Organ D W, Near J P. Organizational Citizenship Behavior: Its Nature Antecedents [J]. Jounal of Applied Psychology,1983(8): 655-663.

[144] Steers R M. Antecedents and Outcomes of Organizational Commitment[J]. Administrative Science Quarterly,1977(1): 46-56.

[145] Szabó L, Csepregi A. The Present and Preferred Culture for Project Organizations: Investigation Based on the Competing Values Framework [C]. Bucharest: Strategica International Academic Conference: Local versus Global, 2015: 29-31.

[146] Tan H H, Tan M L. Organizational Citizenship Behavior and Social Loafing: The Role of Personality, Motives, and Contextual Factors [J]. The Journal of Psychology, 2008(1): 89-108.

[147] Thomas R, Marosszeky M, Karim K, Davis S, McGeorge D. The Importance of Project Culture in Achieving Quality Outcomes in Construction[C]. Gramado: Proceedings of 10th Annual Conference on Lean Construction, 2002.

[148] Thompson E P. Time, Work-Discipline and Industrial Capitalism [J]. Past and Present, 1967(1): 56-97.

[149] Toor S R, Ogunlana S O. Beyond the "Iron Triangle": Stakeholder

Perception of Key Performance Indicators（KPIs）for Large-Scale Public Sector Development Projects［J］．International Journal of Project Management，2010(3)：228-236.

[150] Tsui A S，Wang H，Xin K R．Organizational Culture in China：An Analysis of Culture Dimensions and Culture Types[J]．Management and Organization Review，2006a(3)：345-376.

[151] Tsui A S，Zhang Z X，Wang H，Xin K R，Wu J B．Unpacking the Relationship between CEO Leadership Behavior and Organizational Culture[J]．The Leadership Quarterly，2006b(2)：113-137.

[152] Turner J R．Managing Web Projects：The Management Large Projects and Programmes for Web-Space Delivery［M］．Aldershot：Gower Publishing，2004.

[153] Turner J R．Towards a Theory of Project Management：The Nature of Project［J］．International Journal of Project Management，2006(2)：1-3.

[154] Turner J R，Müller R．On the Nature of the Project as a Temporary Organization[J]．International Journal of Project Management，2003(1)：1-8.

[155] Turnipseed D L，Murkison E．A Bi-Cultural Compassion of Organizational Citizenship Behavior：Does the OCB Phenomenon Transcend National Culture？［J］．International Journal of Organizational Analysis，2000(2)：200-222.

[156] Van Dyne L，Graham J W，Dienesch R M．Organizational Citizenship Behavior：Construct Redefinition，Measurement and Validation［J］．Academy of Management Journal，1994（4）：325-358.

[157] Velicer W F，Fava J L．Affects of Variable and Subject Sampling on Factor Pattern Recovery［J］．Psychological Methods，1998（2）：231-251.

[158] Wang H, Law K S, Hackett R D, Wang D X, Chen Z X. Leader-Member Exchange as a Mediator of the Relationship Between Transformational Leadership and Followers' Performance and Organizational Citizenship Behavior[J]. Academy of Management Journal, 2005(3): 420-432.

[159] Westerveld E. The Project Excellence Model: Linking Success Criteria and Critical Success Factors[J]. International Journal of Project Management, 2003(6): 411-418.

[160] Wiewiora A, Trigunarsyah B, Murphy G, Coffey V. Organizational Culture and Willingness to Share Knowledge: A Competing Values Perspective in Australian Context [J]. International Journal of Project Management, 2013(8): 1163-1174.

[161] Williams L J, Anderson S E. Job Satisfaction and Organizational Commitment as Predictors of Organizational Citizenship and In-Role Behaviors[J]. Journal of Management, 1991(3): 601-617.

[162] Wong P, Cheung S, Fan K. Examining the Relationship between Organizational Learning Style and Project Performance[J]. Journal of Construction Engineering and Management, 2009(6): 497-507.

[163] Yang B, Mei Z. Employee Suzhi in Chinese Organizations: Organizational Ownership Behavior [J]. Journal of Chinese Human Resource Management, 2014(2): 144-157.

[164] Yang L R, Huang C F, Wu K S. The Association Among Project Manager's Leadership Style, Teamwork and Project Success[J]. International Journal of Project Management, 2011(3): 258-267.

[165] Yazici H J. The Role of Project Maturity and Organizational Culture on Project Success[J]. Project Management Journal, 2009 (3): 14-33.

[166] Yazici H J. Significance of Organizational Culture in Perceived Project and Business Performance [J]. Engineering Management

Journal，2011(2)：20-29.

[167] Yen H J R，Li E Y，Niehoff B P. Do Organizational Citizenship Behaviors Lead to Information System Success? Testing the Mediation Effects of Integration Climate and Project Management [J]. Information & Management，2008(6)：394-402.

[168] Yeung J F Y，Chan A P C，Chan D W M，Li L K. Development of A Partnering Performance Index (PPI) for Construction Projects in Hong Kong：A Delphi Study[J]. Construction Management and Economics，2007(12)：1219-1237.

[169] Zhang S B，Liu A M M. Organizational Culture Profiles of Construction Enterprises in China[J]. Construction Management and Economics，2006(8)：817-828.

[170] Zikmund W G. Business Research Methods (7th edition)[M]. Ohio：Thomson South Western，2003.

[171] Zuo J，Zillante G. Project Culture within Construction Projects：A Literature Review[C]. Sydney：Proceedings of International Group on Lean Construction，2005.

[172] Zuo J，Zillante G，Zhao Z Y，Xia B. Does Project Culture Matter? A Comparative Study of Two Major Hospital Projects[J]. Facilities，2014(13)：801-824.

[173] 陈晓萍，徐淑英，樊景立. 组织与管理研究的实证方法[M]. 北京:北京大学出版社,2008.

[174] 丁士昭. 工程项目管理[M]. 北京:中国建筑工业出版社,2006.

[175] 丁津津. 基于平衡计分卡的绩效、管理指标体系研究[D]. 北京:北京交通大学,2007.

[176] 樊耘,顾敏,汪应洛. 论组织文化的结构[J]. 预测,2003(3)：1-5.

[177] 方建. 建设项目业主方组织文化、知识共享对项目绩效的影响研究[D]. 上海:同济大学,2013.

[178] 风笑天. 社会调查中的问卷设计(第三版)[M]. 北京:中国人民大学

出版社,2014.

[179] 符勇. 建设项目领导者情绪智力和领导行为对项目绩效的影响机制研究[D]. 上海:同济大学,2011.

[180] 傅永刚,许维维. 组织公民行为在四种组织文化类型下的差异研究[J]. 大连理工大学学报(社会科学版),2005(4):24-28.

[181] 侯杰泰,温忠麟,成子娟. 结构方程模型及其应用[M]. 北京:教育科学出版社,2004.

[182] 黄芳铭. 结构方程模式:理论与应用[M]. 北京:中国税务出版社,2005.

[183] 李海,张勉. 企业文化是核心竞争力吗?——文化契合度对企业绩效的影响[J]. 中国软科学,2012(4):125-134.

[184] 李怀祖. 管理研究方法论[M]. 西安:西安交通大学出版社,2004.

[185] 梁漱溟. 中国文化要义[M]. 上海:上海人民出版社,2005.

[186] 卢有杰. 建设系统工程[M]. 北京:清华大学出版社,1997.

[187] 卢纹岱. SPSS for Windows 统计分析[M]. 北京:电子工业出版社,2002.

[188] 罗胜强,姜嬿. 管理学问卷调查研究方法[M]. 重庆:重庆大学出版社,2014.

[189] 马庆国. 管理统计:数据获取、统计原理与 SPSS 工具与应用研究[M]. 北京:科学出版社,2002.

[190] 孟宪海. 关键绩效指标 KPI——国际最新的工程项目绩效评价体系[J]. 建筑经济,2007(2):50-52.

[191] 孟宪海. 项目管理成熟度模型——工程项目过程评价体系[J]. 建筑经济,2006(12):55-58.

[192] 邱皓政. 结构方程模式——LISREL 的理论、技术与应用[M]. 台北:双叶书廊,2005.

[193] 邱皓政. 结构方程模型的原理与应用[M]. 北京:中国轻工业出版社,2009.

[194] 盛昭瀚. 苏通大桥工程——系统分析与管理体系[M]. 北京:科学出

版社,2009.

[195] 盛昭瀚,游庆仲,陈国华,丁峰. 大型工程综合集成管理——苏通大桥工程管理理论的探索与思考[M]. 北京:科学出版社,2009.

[196] 宋联可,杨东涛,杨浩. 组织文化评价量表研究[J]. 华东经济管理,2009(7):150-153.

[197] 孙慧,申宽宽,范志清. 基于 SEM 方法的 PPP 项目绩效影响因素分析[J]. 天津大学学报(社会科学版),2012(6):513-519.

[198] 孙秀明. 项目文化评价体系建立与评价模型[J]. 管理观察,2008(3):268-270.

[199] 温涵,梁韵斯. 结构方程模型常用拟合指数检验的实质[J]. 心理科学,2015(4):987-994.

[200] 温忠麟,侯杰泰,马什赫伯特. 结构方程模型检验:拟合指数与卡方准则[J]. 心理学报,2004(2):186-194.

[201] 吴明隆. SPSS 统计应用实务——问卷分析与应用统计[M]. 北京:科学出版社,2003.

[202] 吴明隆. 结构方程模型——AMOS 的操作与应用[M]. 重庆:重庆大学出版社,2010a.

[203] 吴明隆. 问卷统计分析实务——SPSS 操作与应用[M]. 重庆:重庆大学出版社,2010b.

[204] 许多,张小林. 中国组织情景下的组织公民行为[J]. 心理科学进展,2007(3):505-510.

[205] 许劲,任玉珑. 项目关系质量、项目绩效及其影响关系实证研究[J]. 预测,2010(1):71-75.

[206] 许劲. 项目关系质量对项目绩效的影响——基于建设工程项目的实证研究[D]. 重庆:重庆大学,2010.

[207] 徐绍史. 中华人民共和国国民经济和社会发展第十三个五年规划纲要辅导读本[M]. 北京:人民出版社,2016.

[208] 杨伟,李乐. 临时性组织研究评介与展望[J]. 外国经济与管理,2013(35):52-60.

［209］姚艳红,肖石英. 组织公民行为与员工绩效的相关性分析[J]. 管理学报,2006(3):324-328.

［210］俞春生,姚蓓,王茜. 苏通大桥工程文化建设实践与经验[J]. 中国工程科学,2009(3):92-96.

［211］曾兴. 策划学概论[M]. 北京:中国广播电视出版社,2008.

［212］张旸,张旭,董大海. 基于企业文化的市场导向与组织绩效的关系研究[J]. 中国软科学,2006(12):103-109.

［213］张德,王玉芹. 组织文化类型与组织绩效关系研究[J]. 科学学与科学技术管理,2007(7):146-151.

［214］张燎. 政府公共项目绩效评价研究[D]. 上海:复旦大学,2008.

［215］赵曙明,裴宇晶. 企业文化研究脉络梳理与趋势展望[J]. 外国经济与管理,2011(10):1-8.

［216］朱振涛. 工程文化的系统复杂性及其演化机理研究[D]. 南京:南京大学,2012.

附录 A　专家访谈提纲

基本信息

编号:No. _____   访谈日期:_____年____月____日

访谈时长:_____开始_____结束,计_____分钟

访谈地点:_____   受访者姓名:_____

受访者年龄:_____   受访者学历:_____

受访者职位:_____   受访者行业工作年限:_____年

基本信息

第一部分　访谈说明

感谢您抽出宝贵的时间来做访谈,您的参与对于本研究来说极为重要。本次访谈旨在探究建设项目组织文化对项目绩效的影响机制,并为提升项目绩效提供相应的建议。

本次访谈将遵循下列原则。

➢ 访谈收集的所有信息将严格保密,您的姓名及个人信息不会向任何单位和个人披露。

➢ 访谈是自愿的,如果您有任何不适,可随时中断并退出访谈。

➢ 本次访谈将会录音,以协助记录您提供的相关信息和观点。在访谈过程中,您可随时要求中止或停止录音。

在开始访谈之前,您是否还有任何疑问?

第二部分　访谈问题

选取您最近参与并且已经完工的建设项目来回答下列问题。

(一)研究论题1　建设项目组织文化对项目绩效的影响

➢ 建设项目组织文化是项目参与方在建设实践中形成的,并且为各参与方成员普遍认同和遵守的价值观以及行为规范。在您的项目工作经历中,是否存在能被参与方普遍认同的组织文化?如果是,请举例说明。

➢ 根据您的项目工作经历,您是否认为建设项目组织文化能够对项目绩效产生影响?如果是,您认为哪种特征或类型的文化会对项目绩效产生

重要影响？请举例说明。

（二）研究论题 2　项目良性组织行为对项目绩效的影响

➢　项目良性组织行为是指建设项目参与方的自愿行为，这种行为超出正式的合同范围，不被正式的报酬系统直接识别，但却能够提升项目绩效。在您的项目工作经历中，是否有过项目良性组织行为？请您看手中表格，那是我们从相关研究获得项目中的良性组织行为表现形式，请选择您认为符合所参与的项目实际的题项。如有表中未涉及的，请说明。

（三）研究论题 3　建设项目组织文化时项目良性组织行为的影响

➢　根据您的项目工作经历，您是否认为项目良性组织行为能够对项目绩效产生影响？如果是，您认为项目良性组织行为哪些表现形式对项目绩效的影响较大？请举例说明。

➢　根据您的项目工作经历，您是否认为建设项目组织文化对项目中的良性组织行为会有影响？如果是，您认为哪种特征或类型的文化对项目良性组织行为的影响较大？请举例说明。

➢　上述交谈的三个方面内容（建设项目组织文化、项目良性组织行为、项目绩效），请您按照它们的影响关系排序。

➢　您能否推荐一位朋友参与访谈？

再次感谢您的参与和支持！我们对访谈收集的信息将会严格保密！

附录 B 项目良性组织行为量表专家意向问卷

下面是根据国内外文献总结得出的项目良性组织行为的维度以及具体的表现形式,请对您认为符合项目真实情境的题项后选择"1"(同意保留),并对您认为不符合项目真实情境的题项后选择"0"(将予以删除)。

题号	维度	题项陈述	予以删除	同意保留
1		主动帮助其他参与方解决工作中的问题	0	1
2		当其他参与方工作任务过重或缺乏经验时,主动协助其完成任务	0	1
3		主动与其他参与方协调沟通,避免造成工作麻烦	0	1
4		主动给其他参与方提供无偿的工作便利	0	1
5		当其他参与方工作落后时,愿意提供协助	0	1
6		当其他参与方在项目实施阶段缺乏经验时,愿意帮助其完成任务	0	1
7	利他行为	当其他参与方之间发生争执时,愿意尝试调解	0	1
8		主动采取措施,避免其他参与方犯错	0	1
9		愿意帮助其他参与方成员适应项目工作环境	0	1
10		对于合同中不能预见的情形,愿意加强沟通和互相支持	0	1
11		主动发出愿意在其他参与方需要时互相帮助的信号	0	1
12		面对工作中涉及其他参与方利益的问题,通过谨慎处理避免推诿扯皮	0	1
13		主动宣传项目良好形象,以参与项目为荣	0	1
14		当存在利益冲突时,以项目利益为最高目标	0	1
15		主动调用自身的资源,以便实现项目的目标	0	1
16		向外界介绍项目时,采用积极正面的描述	0	1
17	项目忠诚	参与方愿意分享彼此的工作信息,这成为项目中的一种常态	0	1
18		参与方的成员形成共识,一起完成项目组织内的工作	0	1
19		参与方的成员感受到强烈的项目认同感	0	1
20		为了实现项目的目标,愿意做任何项目需要的事情	0	1

续表

题号	维度	题项陈述	予以删除	同意保留
21	项目服从	严格按照合同约定完成工作	0	1
22		当没有完成分配的任务时，主动上报并加班赶工	0	1
23		适应项目要求的变化，不断改进工作	0	1
24		服从项目的各项规章指令并严格执行	0	1
25		即使无人监督时，仍然服从项目的规定或流程	0	1
26	人际和谐	维护项目团结，不在背后批评其他参与方	0	1
27		与其他参与方保持融洽而良好的关系	0	1
28		保持和谐友好的氛围，避免不必要的冲突	0	1
29		不会借助工作获取自身利益	0	1
30		不会采用不正当手段寻求自身影响，并破坏项目组织的人际和谐	0	1
31	关系维护	即使在项目结束后，还与其他参与方员工保持联系	0	1
32		即使目前不在同一子项目，仍会与特定的其他子项目的员工保持联系	0	1
33		选择与之前合作过的参与方员工继续在本项目合作	0	1
34	项目认同	愿意介绍项目的好信息，并澄清他人对项目的误解	0	1
35		愿意维护项目的声誉	0	1
36		为改进项目的实施提出建设性的意见	0	1
37		积极参与项目相关会议	0	1
38	个人主动性	主动对项目面临的问题提出有建设性的解决方法	0	1
39		自发学习和组织培训，提升团队技能水平	0	1
40		主动开展各种项目技术和管理创新相关活动	0	1
41		积极参加项目会议和各项团队活动	0	1
42		当工作有需要时，主动加班完成任务	0	1
43		主动分享与工作相关的有用信息	0	1
44		发现和提醒项目领导者可能的改进之处以实现项目目标	0	1
45		尽管不在工作职责范围内，仍然会主动了解项目实施的相关信息	0	1

续表

题号	维度	题项陈述	予以删除	同意保留
46	责任意识	认真对待工作,并且很少出差错	0	1
47		为提升工作质量,努力自我充实	0	1
48		从不介意接受新的或困难的任务	0	1
49		经常提早上班,并立即处理工作	0	1
50	公民道德	自愿承担额外的工作责任	0	1
51		愿意对项目实施中出现的问题提出建设性意见	0	1
52		积极出席并参加有关项目的会议	0	1
53		积极参与各项社会公益活动(如献血、植树)	0	1
54		主动参加各种社区服务(如照顾老人)	0	1
55	运动家精神	总是关注当前处境下的正确做法,而不关注错误做法	0	1
56		不花费大量时间抱怨琐碎的事情	0	1
57		不会总是寻找其他参与方员工的工作差错	0	1
58	保护项目资源	节约项目的各种资源(如水、电等)	0	1
59		保持项目工作环境的整齐清洁	0	1
60		不使用项目资源处理个人事务	0	1
61		不在项目上班时间处理个人事务	0	1

➢ 对于项目良性组织行为的表现形式,您还有什么要补充的吗?

再次感谢您的参与和支持! 我们对访谈收集的信息将会严格保密!

附录 C 建设项目组织文化、
项目良性组织行为与项目绩效调查问卷

尊敬的先生/女士：

　　您好！十分感谢您能在百忙之中接受我们的问卷调查。本研究得到同济大学和嘉兴学院的支持，并出于国家自然科学基金项目研究课题需要，调查目的在于研究建设项目组织文化、项目良性组织行为与项目绩效的影响关系。问卷中的选项均无对错之分，请您根据您的工作实践和专业知识填写，切勿漏填任何题项，并如实反映真实想法及所在项目的实际情况。本问卷不记名，您所提供的一切信息仅作为学术研究使用，我们将对分析结果进行严格保密，请您放心填写。

　　您的支持对完成本研究非常重要，您的真实想法对本研究具有巨大的帮助。非常感谢您的重视和支持！

　　如果您对研究结果感兴趣，请留下您的电子信箱：_____，研究完成后我们会将研究结果发送给您供参考。

　　如果您对本问卷有任何疑问或打算将问卷填好直接返回，敬请联系调查者本人。

　　联系地址：上海市彰武路 1 号同济大厦 A 座 1701 室

　　邮编：200092

　　联系人：宋宇名

　　电子信箱：tjsongyuming@163.com

序号	问卷说明
1	问卷调查中涉及的项目良性组织行为概念，它是指建设项目参与方的自愿行为，这种行为超出正式的合同范围，不被正式的报酬系统直接识别，但却能够提升项目绩效
2	请选择一个您参与并且已经完工的建设项目进行填写

第一部分　基本信息及项目特征

　　说明：请根据您的实际情况，对每项条款内容做出选择，并在其前面的"□"处做标记。

条款内容	选项
1-1 项目所在地	_____省(自治区、直辖市)
1-2 您的性别	□男　　□女
1-3 您的年龄	□21—30 岁　□31—40 岁　□41—50 岁　□50 岁以上
1-4 您的学历	□高中及以下　□大专　□本科　□硕士及以上
1-5 您的工作年限	□5 年及以下　□6—10 年　□11—15 年　□16—20 年　□20 年以上
1-6 您所在项目中的职位	□项目经理　□项目部门经理　□专业主管　□项目工程师
1-7 您所在项目规模(投资额)	□0.5 亿元及以下　□0.5 亿—1.0 亿(含)元　□1.0 亿—5.0 亿(含)元　□5.0 亿元以上
1-8 您所在项目的设计/管理复杂性	□低　□中　□高
1-9 您所在项目的成立年限	□1 年及以下　□1—3(含)年　□3—5(含)年　□5 年以上
1-10 您所在项目的员工人数	□20 人及以下　□21—50 人　□51—100 人　□100 人以上
1-11 您所在单位在项目中的性质	□业主　□承包商　□监理/咨询单位　□勘察/设计单位　□其他

第二部分　建设项目组织文化

说明:请根据您所参与项目的实际情况,对每项条款内容做出选择,并在对应的分值上做标记。

条款内容	完全不同意	基本不同意	中立态度	基本同意	完全同意
2-1 本项目很人性化,像一个大家庭,参与方能分享彼此的经验或看法	1	2	3	4	5
2-2 本项目充满活力,参与方积极进取,勇于承担项目中的各种风险	1	2	3	4	5
2-3 本项目关注工作的成果,强调任务的完成,参与方具有竞争意识和结果导向	1	2	3	4	5
2-4 本项目层级分明,强调严格控制,参与方严格遵循规章与流程做事	1	2	3	4	5
2-5 本项目领导层能主动指导、协助和关心参与方	1	2	3	4	5

条款内容	完全 不同意	基本 不同意	中立 态度	基本 同意	完全 同意
2-6 本项目领导层工作方式灵活,富有开拓和创新精神	1	2	3	4	5
2-7 本项目领导层行事务实严谨,并重视工作结果	1	2	3	4	5
2-8 本项目领导层擅长组织与控制,注重项目顺畅实施	1	2	3	4	5
2-9 本项目强调团队合作、共识及各方的参与	1	2	3	4	5
2-10 本项目鼓励参与方勇于承担风险,强调创新和自我展现	1	2	3	4	5
2-11 本项目强调高标准和严格要求,关注参与方工作的完成	1	2	3	4	5
2-12 本项目重视参与方工作的服从,各参与方工作有秩序	1	2	3	4	5
2-13 本项目凝聚力来源于参与方的相互信任,强调参与方对项目的认同	1	2	3	4	5
2-14 本项目凝聚力来源于对创新的追求,参与方渴望从创新中得到成长	1	2	3	4	5
2-15 本项目凝聚力来源于对工作成果和完成目标的重视	1	2	3	4	5
2-16 本项目凝聚力来源于正式的规章制度,参与方注重项目的顺畅运行	1	2	3	4	5
2-17 本项目重视参与方的持续参与,强调参与方之间的高度信任和共同合作	1	2	3	4	5
2-18 本项目重视获取新资源,鼓励参与方积极面对新挑战	1	2	3	4	5
2-19 本项目重视项目的成功,鼓励参与方实现更多目标	1	2	3	4	5
2-20 本项目重视项目的平稳运行,强调项目的效率和控制	1	2	3	4	5
2-21 本项目定义成功为团队合作、人性关怀和参与方的承诺	1	2	3	4	5
2-22 本项目定义成功为不断创新,提供最独特的项目成果	1	2	3	4	5
2-23 本项目定义成功为赢得声誉,提供有竞争力的项目成果	1	2	3	4	5
2-24 本项目定义成功为有效率,强调项目良好的计划和运行	1	2	3	4	5

第三部分　项目良性组织行为

说明:请根据您所参与项目的实际情况,对每项条款内容做出选择,并在对应的分值上做标记。

条款内容	完全不同意	基本不同意	中立态度	基本同意	完全同意
3-1 主动宣传项目良好形象,以参与项目为荣	1	2	3	4	5
3-2 当存在利益冲突时,参与方以项目利益为最高目标	1	2	3	4	5
3-3 主动调用自身的资源,以便实现项目的目标	1	2	3	4	5
3-4 向外界介绍项目时进行积极正面的描述	1	2	3	4	5
3-5 主动帮助其他参与方解决工作中的问题	1	2	3	4	5
3-6 当其他参与方工作任务过重或缺乏经验时,主动协助完成任务	1	2	3	4	5
3-7 主动与其他参与方协调沟通,避免造成工作麻烦	1	2	3	4	5
3-8 愿意与其他参与方沟通,处理合同中不能预见的情形	1	2	3	4	5
3-9 严格按照合同约定完成工作	1	2	3	4	5
3-10 当没有完成分配的任务时,主动上报并加班赶工	1	2	3	4	5
3-11 适应项目要求的变化,不断改进工作	1	2	3	4	5
3-12 服从项目的各项规章指令并严格执行	1	2	3	4	5
3-13 节约项目的各种资源(如水、电等)	1	2	3	4	5
3-14 维护项目团结,不在背后批评其他参与方	1	2	3	4	5
3-15 与其他参与方保持融洽而良好的关系	1	2	3	4	5
3-16 保持和谐友好的氛围,避免不必要的冲突	1	2	3	4	5
3-17 即使在项目结束后,还与其他参与方员工保持联系	1	2	3	4	5
3-18 主动对项目面临问题提出有建设性的改进建议	1	2	3	4	5
3-19 自发学习和组织培训,提升团队技能水平	1	2	3	4	5
3-20 主动提高自身要求,开展各种项目技术和管理创新	1	2	3	4	5
3-21 积极参加项目会议和各项团队活动	1	2	3	4	5

第四部分　项目绩效

说明：请根据您所参与项目的实际情况，对每项条款内容做出选择，并在对应的分值上做标记。

条款内容	完全不同意	基本不同意	中立态度	基本同意	完全同意
4-1 本项目按进度或将按进度完成	1	2	3	4	5
4-2 本项目按预算或将按预算完成	1	2	3	4	5
4-3 本项目的单位（分项）工程优良率高	1	2	3	4	5
4-4 本项目中重大事故发生次数少	1	2	3	4	5
4-5 本项目的结果或可交付成果满足最终用户的需求	1	2	3	4	5
4-6 我对项目完成的流程和过程很满意	1	2	3	4	5
4-7 我对项目的结果很满意	1	2	3	4	5
4-8 我对项目成功表示乐观	1	2	3	4	5

本问卷到此结束，请您再仔细核对是否有漏答之处，再次感谢您的配合和支持！